KB057598

영어 단어의
결정적 의미 확장들

준 스위니 June Sweeney

전 민병철 어학원(BCM) 영어회화 강사
전 시사 영어사 영어회화 강사
전 Kids Herald 영어회화 강사
미국 캘리포니아에서 20년 이상 거주 중
유튜브 채널 '영어라면 준!' 운영

저서 〈미션 파서블 – 당신을 구출할 진짜 미국 영어〉, 〈일상 영어회화 섀도잉〉,
〈스토리를 품은 미쿡 영어회화〉, 〈이 책 한 권만 외워봐! 영어회화가 술술 나온다〉

영어 단어의 결정적 의미 확장들

지은이 June Sweeney
초판 1쇄 발행 2023년 12월 18일
초판 2쇄 발행 2024년 1월 5일

발행인 박효상 　**편집장** 김현 　**기획·편집** 장경희, 김효정 　**디자인** 임정현
마케팅 이태호, 이전희 　**관리** 김태옥

기획·편집 진행 김현 　**교정·교열** 안현진
본문·표지 디자인 고희선

종이 월드페이퍼 　**인쇄·제본** 예림인쇄·바인딩

출판등록 제10-1835호 　**발행처** 사람in 　**주소** 04034 서울시 마포구 양화로 11길 14-10 (서교동) 3F
전화 02) 338-3555(代) 　**팩스** 02) 338-3545 　**E-mail** saramin@netsgo.com
Website www.saramin.com

책값은 뒤표지에 있습니다.
파본은 바꾸어 드립니다.

ⓒ June Sweeney 2023

ISBN
979-11-7101-046-2 14740
978-89-6049-783-2 (세트)

우아한 지적만보, 기민한 실사구시 　사람in

영어 단어의 결정적 의미 확장들

June Sweeney 저

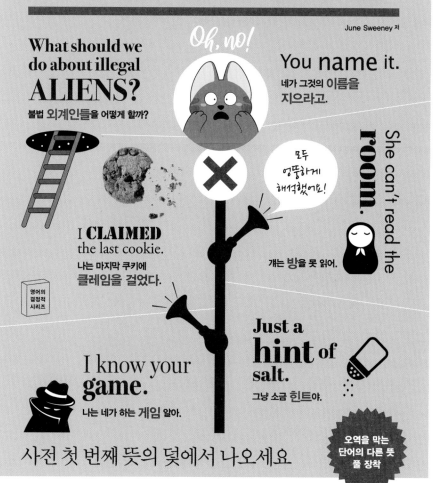

What should we do about illegal **ALIENS?**
불법 외계인들을 어떻게 할까?

Oh, no!

You name it.
네가 그것의 이름을 지으라고.

모두 엉뚱하게 해석했어요!

She can't read the **room.**
걔는 방을 못 읽어.

I **CLAIMED** the last cookie.
나는 마지막 쿠키에 클레임을 걸었다.

영어의 결정적 시리즈

Just a **hint** of salt.
그냥 소금 힌트야.

I know your **game.**
나는 네가 하는 게임 알아.

사전 첫 번째 뜻의 덫에서 나오세요

오역을 막는 단어의 다른 뜻 풀 장착

사람in

다음 영어 문장과 해석을 한 번 보세요.

This shampoo did the trick for me.
이 샴푸가 나를 위해 속임수를 썼다.

I know your game. 나는 네가 무슨 게임을 하는지 안다.

Bring the water to boil. 끓일 물 좀 가져와.

A hint of salt. 소금이 주는 힌트.

He was really engaged in the conversation.
그 사람은 대화 나누다가 정말로 약혼을 했다.

여러분도 이렇게 해석하셨나요? 당연합니다. 우리가 아는
단어 실력으로는 이런 뜻이 나올 수밖에 없으니까요. 위의 해석은
다 틀렸습니다. 아니, 모르는 단어가 있는 것도 아닌데 왜
다 틀렸을까요? 이건 영어 단어 공부법에 문제가 있다는 뜻일 겁니다.
많은 한국인들이 단어를 많이 알수록 영어를 잘할 거라는 착각에 빠져
있는 듯합니다. 그 착각이 단어 수에 대한 집착으로 이어지면서
'trick: 속임수' 이렇게 소개팅 시키듯 영어 단어 하나에 뜻 하나씩
짝 맞춰서 외워 버리고는 다음 단어로 go하는 거죠!
하지만 이런 식으로 계속 공부하다 보면 단어가 아무리 많이 쌓여도
내가 외운 "그" 의미로 쓰일 때 말고는 해석도 안 되고 활용도 안 되는
막막한 상황이 오고야 말아요. 그렇다면 대체 어떤 방식으로
영어 공부를 해야 할까요? 좀 힘들더라도 단어마다 숨어 있는 뜻들을
샅샅이 찾아내서 몽땅 외워야 할까요?
답은 단어의 의미 확장에 있습니다.
의미 확장이라, 선뜻 감이 오지 않는다면 한 가지 예를 들게요.

사전을 찾아보면 alien은 '외계인' '외국인 체류자' '다른' '생경한'
이라고 나와요. 한 술 더 떠서 동사 alienate는 '소외감을 느끼게 하다'
'사람을 멀어지게 만들다'라는 뜻이고요.
그렇다면 이 모든 경우의 수를 무작정 외울 것이 아니라
이 단어가 '외계인'에서 어떻게 '외국인 체류자'가 되고
'생경한'이라는 뜻이 됐다가 '사람을 멀어지게 만들다'라는
뜻으로까지 확장될 수 있는가를 이해해 보는 거죠.
우리가 사는 곳이 아닌 아주 먼 다른 곳에서 온 낯선 존재라는 점에서는
외계인과 외국인 체류자 사이에 교집합이 생겨요.
그리고 전혀 다른 그들에게 우리가 느끼는 생경함과 거리감,
낯선 곳에 온 그들이 느낄 소외감까지가 alien의 의미 확장 범위라는
것입니다.

이렇게 한 단어의 의미를 지도처럼 쭉 펼쳐 놓고 넓은 시야로
이해하는 방법에 익숙해지면 영어 독해와 회화 반경이 몇 배로
넓어져요. 내가 이미 알고 있는 단어만으로도 내 영어 실력이
지금보다 몇 배는 껑충 뛰어오르게 되는 건 말할 것도 없고요.
그동안 단어 실력이 부족해서 영어를 못했던 게 아니라,
단어를 손에 쥐고도 활용을 못했던 것이니까요.
우리에게 필요한 단어는 중학생 때 이미 다 배웠다는 말이 있습니다.
저는 여러분이 계량컵으로 밀가루 양 측정하듯 단어 분량에
집착하지 말고, 단어 하나하나에 좀 더 깊이 접속하는 방법,
단어 하나하나와 좀 더 친해지는 방법에 초점을 맞추면 좋겠어요.
그리고 그 방법이 단어의 의미 확장에 있다는 걸 꼭
알려 드리고 싶었습니다. 영어가 필수이자 평생 숙제인 한국 사회에서
이 책이 여러분을 영어 꽃길로 안내하기를, 그리고 이 책을 통해
여러분의 영어 실력이 무한히 확장되기를 기원하며 집필을 마칩니다.

캘리포니아에서
June Sweeney

〈영어 단어의 결정적 의미 확장들〉의 구성

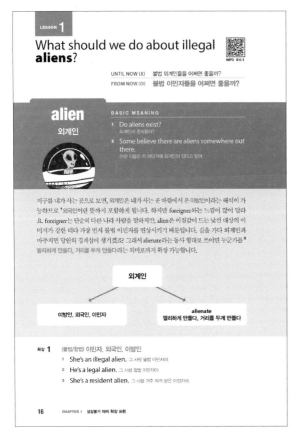

◀ 핵심 단어가 들어간 문장을 제시합니다.

◀ 흔히 하는 오역과 정확한 해석을 나란히 제시합니다.

◀ 원래의 기본 뜻과 예문을 제시합니다.

◀ 기본 뜻에서 어떻게 파생되어 다른 의미가 되었는지 설명하고, 한눈에 파악하도록 구조를 제시합니다.

◀ 원어민들이 자주 쓰는 뜻 위주로 예문을 제시합니다. 회화에 바로 활용 가능한 실용성을 자랑합니다.

〈영어 단어의 결정적 의미 확장들〉 활용법

될 수 있으면 처음부터 읽기를 권합니다.

그리고 처음에 너무 힘 빼지 마세요. 1회독일 때는

슬슬, 2회독일 때는 QR코드 찍어서 음원도 듣고,

3회독일 때는 아는 건 빼고 모르는 것 위주로,

그 이상은 학습자 여러분 마음입니다.

끝까지 포기하지만 말고 가세요!

CHAPTER 1   상상불가 의미 확장 표현

CHAPTER 2　설마! 이런 뜻으로도 쓰인다고?

CHAPTER 3 오해해서 미안! 거창한 뜻인 줄만 알았어.

CHAPTER 5 교과서도 안 가르쳐 준 의미 확장 표현

CHAPTER 6 미국 사람 냄새 물씬 나는 표현

CHAPTER 7 현지인이세요?

CHAPTER
1

상상불가 의미 확장 표현

What should we do about illegal **aliens**?

MP3 001

UNTIL NOW (X) 불법 외계인들을 어쩌면 좋을까?

FROM NOW (O) **불법 이민자들을 어쩌면 좋을까?**

alien
외계인

BASIC MEANING

1 Do aliens exist?
외계인이 존재할까?

2 Some believe there are aliens somewhere out there.
어떤 이들은 저 어딘가에 외계인이 있다고 믿어.

지구를 내가 사는 곳으로 보면, 외계인은 내가 사는 곳 바깥에서 온 이방인이라는 해석이 가능하므로 **[1]**외국인이란 뜻까지 포함하게 됩니다. 하지만 foreigner와는 느낌이 많이 달라요. foreigner는 단순히 다른 나라 사람을 말하지만, alien은 이질감이 드는 낯선 대상의 이미지가 강한 데다 가장 먼저 불법 이민자를 연상시키기 때문입니다. 길을 가다 외계인과 마주치면 당연히 경계심이 생기겠죠? 그래서 alienate라는 동사 형태로 쓰이면 누군가를 **[2]**멀리하게 만들다, 거리를 두게 만들다라는 의미로까지 확장 가능합니다.

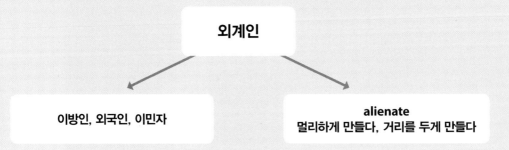

외계인

이방인, 외국인, 이민자

alienate
멀리하게 만들다, 거리를 두게 만들다

확장 **1** (불법/합법) 이민자, 외국인, 이방인

1 She's an illegal alien. 그 사람 불법 이민자야.

2 He's a legal alien. 그 사람 합법 이민자야.

3 She's a resident alien. 그 사람 거주 자격 받은 이민자야.

4   What should we do about illegal aliens?
    불법 이민자들을 어쩌면 좋을까?

5   What's your alien registration number?
    외국인 등록 번호가 어떻게 되죠?

확장 2   멀리하게 만들다/거리를 두게 만들다 (alienate의 형태로)

1
I don't know why, but she's alienating me these days.
왠지 요새 걔한테 거리감이 느껴져.

2   Sorry. I didn't mean to alienate you.
    미안. 너한테 거리감 느끼게 하려던 건 아닌데.

3   My friends alienated me for some reason.
    왠지 내 친구들이 예전 같지가 않아. (← 거리감이 들게 하네.)

4
He alienated his original customers after his business got bigger.
그 사람, 장사가 잘 되고부터는 초창기 손님들을 예전처럼 대하질 않았어.

5   She's alienating her old friends with her new attitude.
    걔는 애가 변해서 예전 친구들이 거리감을 느끼더라.

6   You'll alienate everyone if you don't drop that attitude.
    그런 태도로 계속 굴다가는 주위 사람들 다 떨어진다.

    ▶ **drop the attitude** 태도를 고치다

7   Some grown-up kids alienate their parents.
    장성한 자식들한테 거리감을 느끼는 부모들도 있어.

My dog always **hog**s up the couch.

MP3 002

UNTIL NOW (X)	우리 개가 맨날 소파 위에 돼지를 올려 놔.
FROM NOW (O)	**우리 개가 맨날 소파를 독차지하고 있어.**

hog

돼지

BASIC MEANING

1 Wild hogs made a big mess at his cabbage farm.
멧돼지들이 그 사람 양배추 농장에 난장판을 쳐 놨어.

2 Hogs can weigh up to 350kg.
돼지는 350킬로그램까지 나간다.

돼지들은 식욕이 왕성하죠. 하루 종일 먹을 것만 찾아다니고, 머리를 박고 먹느라 주변을 생각한다는 건 있을 수 없는 일입니다. 돼지의 이런 모습에서 ¹욕심 많은 사람, 혹은 시간·공간 등을 혼자 ²독차지하다라는 의미로 확장시킬 수 있어요.

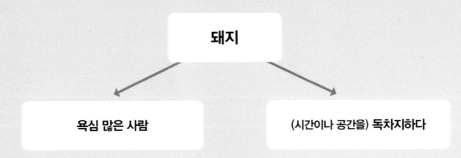

돼지

욕심 많은 사람 → **(시간이나 공간을) 독차지하다**

확장 **1** 욕심 많은 사람

1 He's a hog.
걘 욕심쟁이야.

2 Don't be such a hog.
그렇게 욕심 좀 부리지 마.

3 Did you finish the whole pizza? You hog!
너 혼자 피자 한 판을 다 먹었어? 이런 욕심쟁이 같으니라고!

(시간이나 공간 등을) **독차지하다**

1 My sister hogs the bathroom for hours every morning.
여동생이 아침마다 몇 시간씩 화장실을 독차지해.

2

My dog always hogs up the couch.
우리 개가 맨날 소파를 독차지하고 있어.

▶ hog와 hog up 두 형태 모두 가능하지만 관용적으로 hog up을 더 많이 써요.

3 Some drivers hog up the road.
어떤 운전자들은 도로가 자기 건 줄 안다니까.

4 Old pics are hogging up space on my phone.
옛날 사진들이 내 핸드폰 저장 공간을 다 차지하고 있어.

5 Am I hogging up your time?
제가 그쪽 시간 다 뺏는 거 아닌가요?

6 House chores really hog up my time.
집안일 하느라고 내 시간을 다 뺏긴다니까.

7 The new project hogged up my weekend.
새 프로젝트 때문에 주말을 다 뺏겼어.

She can't read the **room**.

MP3 003

UNTIL NOW (X)   걔는 방을 못 읽어.

FROM NOW (O)   **걔는 분위기 파악을 못해.**

room
방

BASIC MEANING

1 I like your room.
네 방 좋다. (← 네 방이 내 마음에 들어.)

2 We have an extra bedroom.
우리 집에 남는 방 하나 있어.

용도에 따라 공간을 나눠 놓은 것이 방이므로 [1]공간이라는 의미로 확장됩니다. 이때는 건축상의 공간뿐 아니라 가방 안, 냉장고 안처럼 사물을 수용할 수 있는 모든 곳에 적용되어 형용사형 roomy로 [2]널찍한이라는 뜻으로도 쓰이며, 공간 안에 흐르는 [3]분위기까지도 포함합니다. 또한 현실화될 가능성을 뜻하는 [4]여지의 의미로도 쓰입니다.

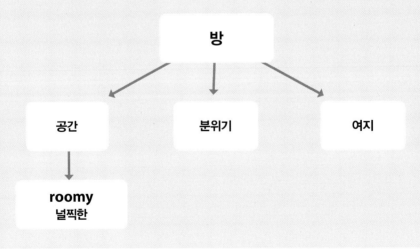

확장 **1**   공간

1 There's not enough room in the refrigerator. 냉장고 안에 공간이 부족해.

2 We have plenty of room in our house. 우리 집은 공간이 충분해.

▶ '공간'이라는 뜻일 때는 불가산 명사라서 plenty of room이라고 씁니다.

3 We need more room in this house.
집에 공간이 좀 더 있어야겠어.

4 I'm carrying so much junk. There's no room in my bag.
내가 이것저것 잡동사니를 너무 많이 들고 다녀서 가방 안에 공간이 없어.

5 The elevator is full. There's no room.
엘리베이터가 꽉 차서 공간이 없어.

6

I still have room for dessert.
디저트 먹을 배는 아직 있어. (← 디저트 들어갈 공간은 있어.)

확장 **2** **널찍한** (roomy의 형태로)

1 The seats at the theater are roomy and comfy.
극장 좌석들이 널찍하고 편해.

2 My parents' house is very roomy.
우리 부모님 사시는 집은 되게 널찍해.

3 The legroom on this plane is roomier than others.
이 비행기가 다른 비행기들에 비해 다리 뻗을 수 있는 공간이 더 널찍해.

4 Your car is roomy. 네 차는 공간이 널찍하다.

확장 **3** **분위기** (read the room의 형태로)

1 You have to read the room at the meetings.
회의할 때 분위기 파악을 잘해야 해.

2 She can't read the room. 걘 분위기 파악을 못해.

3 I'll read the room and see if it's OK to bring it up.
말을 꺼내도 좋을지 내가 분위기 한번 봐 볼게.

4 Read the room, Becky. No one here wants to hear your
complaints. 베키야, 분위기 파악 좀 해라. 여기 네 불평불만 듣고 싶은 사람 하나도 없거든.

확장 **4** **여지**

1 There's still room for improvement.
아직 개선의 여지가 있어.

2 There isn't that much of room for adjustment.
조정/조절의 여지가 별로 없다.

3 There's no room for doubt. 의심의 여지가 없다.

Our house is in good **shape**.

MP3 004

UNTIL NOW (X)   우리 집은 모양이 예쁘다.

FROM NOW (O)   **우리 집은 상태가 좋아.**

shape
모양

BASIC MEANING

1   A heart shape is the symbol of love.
하트 모양은 사랑의 상징이지.

2   Dishes come in many different shapes and sizes.
접시들이 모양도 크기도 다양하게 나와.

3   This is an unusual shape.
이건 독특한 모양이네.

세모, 네모, 동그라미 등의 모양은 자연적으로든 인위적으로든 일련의 과정을 거치며 형성이 됩니다. 그래서 [1]형성하다, [2]상태의 의미로 확장되는데, 여기에는 사람의 [3]몸매, 건강 상태 역시 포함됩니다.

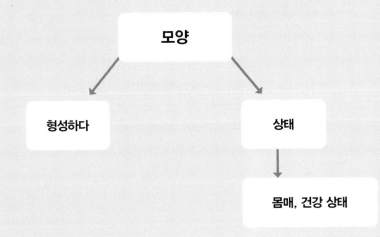

```
        모양
      ↙      ↘
  형성하다      상태
                ↓
            몸매, 건강 상태
```

형성하다

1
Playing sports can shape a strong mind.
스포츠를 하면 강인한 정신력을 기를 수 있어.

2 Strong wind and waves over the centuries shaped this cliff.
수 세기에 걸친 강풍과 파도로 인해 이 절벽이 형성됐다.

확장 **2** 상태

1 My car is in bad shape.
내 차는 상태가 안 좋아.

2 Our house is in good shape.
우리 집은 (관리가 잘 돼서) 상태가 좋아.

3 Their relationship is now in bad shape.
지금 걔네 관계/상태가 영 안 좋아.

확장 **3** 몸매, 건강 상태

1 I've been eating too much and now I'm out of shape.
하도 많이 먹어서 몸매가 망가졌어.

▶ **out of shape** (모양을 벗어났으니) 몸매가 안 좋은

2 It's not easy to stay in good shape.
몸매를 유지하는 게 쉬운 일이 아니야.

3 She's in perfect shape for modeling.
그 사람은 모델하기 딱 좋은 몸매야.

4 You don't have to lose weight. You're already in good shape.
살 뺄 필요 없어. 너 지금도 몸매 좋아.

5 My grandpa is 90, but he's in great shape.
우리 할아버지는 아흔이신데도 아주 건강하셔.

6 The surgery went well. She's in good shape.
수술은 잘됐어. 그 사람 몸 상태 좋아.

7 I'm in my best shape for this marathon.
나 이번 마라톤 출전하기에 최상의 컨디션이야.

She **delivered** a baby boy.

MP3 005

UNTIL NOW (X)	그녀가 남자 아기를 배달했다.
FROM NOW (O)	**그녀가 남자 아기를 낳았다.**

deliver
배달하다

BASIC MEANING

1 The post office delivered my package.
우체국에서 내 소포를 배달해 줬어.

2 The supermarket delivers groceries.
그 슈퍼마켓은 식료품 배달을 해 줘.

배달하는 내용물을 사물에서 소식으로 바꾸면 [1]전달하다란 의미로 확장 가능한데, 여기에는 전달하는 방법, 즉 말투나 표현력까지도 포함돼요. 약속한 것을 배달한다는 점에서 [2]이행하다란 의미로도 쓰이며, 산모가 아이를 분만하는 일 역시 이 세상에 생명을 전달하는 것으로 보기에 deliver는 [3]분만하다란 뜻도 됩니다.

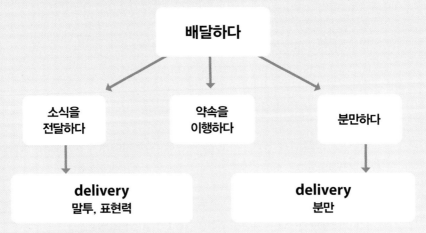

PLUS **delivery** 배달

❶ The delivery is scheduled for this afternoon.
오늘 오후에 배달 예정입니다.

❷ Allow ten business days for delivery.
배달에 영업일 기준 (주말 제외) 10일 정도 걸리니 양해 바랍니다.

❸ The price includes a delivery fee. 가격에 배송비가 포함되어 있습니다.

확장 **1** 소식을 전달하다

1 She delivers all kinds of rumors to me.
   걔가 나한테 별의별 소문을 다 전해 줘.

2 No one wants to deliver the bad news.
   안 좋은 소식을 전하고 싶은 사람이 어디 있어.

3 He delivered good news. 그 사람이 희소식을 전해 줬어.

PLUS **delivery** 말투/표현력

❶ Her delivery is funny when she tells stories. 걘 얘기할 때 말투가 웃겨.

❷ I like the delivery. 표현력 한번 좋네.

❸ I got your point, but I don't appreciate the delivery.
   요점은 알겠는데, 네 말투가 불쾌해.

확장 **2** 약속을 이행하다

1 I delivered on my promise. 난 약속한 대로 했어.

2 I don't promise more than I can deliver. 난 지키지 못할 약속은 안 해.

확장 **3** 분만하다

1 She delivered the baby boy. 그녀가 남자 아이를 분만했어.

2

The baby was delivered this morning.
오늘 아침에 아기가 태어났어.

PLUS **delivery** 분만

❶ It was a difficult [an easy] delivery. 난산[순산]이었어.

❷ Can my husband stay in the delivery room?
   분만실에 저희 남편이 들어와 있어도 되나요?

We went to see the **ruins** of Pompeii.

MP3 006

UNTIL NOW (X)	우리는 폼페이가 얼마나 망가졌나 보러 갔어.
FROM NOW (O)	**우리는 폼페이 유적을 관광하러 갔어.**

ruin
망치다/훼손하다

BASIC MEANING

1. The tall, ugly buildings ruined the view.
   꼴사나운 고층 빌딩들이 경관을 망쳤어.

2. I dyed my hair too many times and ruined my hair.
   머리 염색을 너무 많이 해서 머릿결을 다 버렸어.

3. Her husband cheated on her, and it ruined their marriage.
   그 사람 남편이 바람 피우는 바람에 그들의 결혼 생활이 쫑났어.

4. I ruined my chance for a promotion.
   승진할 수 있는 기회를 내가 말아먹었어.

5. The pandemic ruined the economy.
   팬데믹 상황으로 경제가 엉망이 됐어.

6. The teenagers ruined the movie by talking all the way through it.
   (영화관에서) 십 대들이 영화 보는 내내 떠들어서 (다른 사람들) 영화 관람을 다 망쳤어.

훼손의 큰 원인은 파괴이고 파괴의 대상은 건물이나 생활 터전입니다. 훼손되고 파괴되어 더 이상 사람이 살지 않는 [1]폐허, 무너지고 잔해만 남은 유적 역시 ruin의 확장된 의미로 볼 수 있는데요, 이때는 항상 복수형으로 씁니다. 또 사람의 [2]기분이나 시간을 망치다의 뜻으로도 쓰입니다.

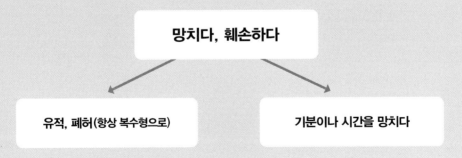

망치다, 훼손하다

유적, 폐허(항상 복수형으로)   기분이나 시간을 망치다

1

We went to see the ruins of Pompeii.
우리는 폼페이 유적을 관광하러 갔어.

2 **The ruins of Machu Picchu were amazing.**
마추픽추 유적은 굉장하더라.

3 **The Seoul City Wall is one of Korea's ancient ruins.**
한양도성은 한국의 고대 유적 중 하나이다.

4 **The city lay in ruins after the bombing.**
폭격으로 그 도시는 폐허가 됐다.

▶ **lie in ruins** 폐허가 된 상태로 있다

5 **The buildings are in ruins.**
건물들이 폐허가 됐어.

6 **People left the town years ago, and it now lies in ruins.**
수년 전에 사람들이 다 떠나고 동네가 폐허가 됐어.

확장 **2** 기분이나 시간을 망치다

1 **He ruined my evening.**
걔 때문에 내 저녁 시간 다 망쳤어.

2 **My boss ruined my Friday.**
직장 상사 때문에 금요일을 잡쳤어.

3 **Don't let it ruin your day.**
그 일에 신경 쓰지 마. (← 그 일로 인해서 하루를 다 망치지 마.)

4 **Don't let her ruin your day.**
그 사람 때문에 네 소중한 하루를 망치지 마.

5

Don't let him ruin your weekend.
그 사람 일로 네 주말까지 망칠 거 없어.

6 **The rain yesterday ruined our camping trip.**
어제 비가 와서 캠핑 다 망쳤어.

We only have a one-hour **window**.

MP3 007

UNTIL NOW (X)	우리는 한 시간 동안 열리는 창문만 있다.
FROM NOW (O)	**우리, 한 시간 안에 다 끝내야 해.**

window

창문/창구

BASIC MEANING

1 **Leave the window open.**
창문 계속 열어 놔.

2 **I stuck my head out the window.**
난 창문 밖으로 고개를 내밀었어.

3 **Next customer to Window Number 3.**
다음 고객님 3번 창구로 오세요.

창문이 열리면 신선한 공기가 안으로 들어오고 바깥으로 손이나 머리를 내밀 수도 있습니다. 그래서 창문이 열려 있는 동안을 ¹일정 기간, 그리고 ²일정 기간 동안에만 누릴 수 있는 혜택의 의미로 확장시킬 수 있습니다.

창문, 창구

(사전에 정해진) 일정 기간

일정 기간 동안만 누릴 수 있는 혜택/기회

확장 1 (사전에 정해진) 일정 기간

1 **What's the time window for this?**
이거 기간이 어떻게 돼?

2 **We only have a one-hour window.**
우리, 한 시간 안에 다 끝내야 해. (← 우리한테 주어진 시간이 한 시간이야.)

3 **There's a time window of one week for this project.**
이 프로젝트, 기한이 일주일이야. (일주일 안에 끝내야 해.)

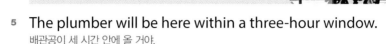

4

The normal time window for delivery is between 9 and 12.

배달 시간대는 보통 9시에서 12시 사이입니다.

5 The plumber will be here within a three-hour window.
배관공이 세 시간 안에 올 거야.

6 April 1st to the 15th is the final window for class registration.
4월 1일에서 15일 사이가 수강 신청 마지막 기간입니다.

확장 2 일정 기간 동안만 누릴 수 있는 혜택/기회

1 New phones are on sale now. This is your window of opportunity.
지금 신상 폰 세일하거든. (전화기를 사려면) 지금이 좋은 기회야.

▶ **window of opportunity** 호기, 절호의 기회

2 I missed my window of opportunity.
내가 절호의 기회를 놓쳤어.

3 I had a window of opportunity to speak with our CEO.
내가 우리 회사 대표님과 얘기할 수 있는 좋은 기회가 있었어.

4

It was a window of opportunity to buy an affordable trip to Alaska.

알래스카 여행 상품을 저렴하게 구입할 수 있는
절호의 기회였다고.

5 I've been so tired these days. I'm trying to take any window of opportunity to take a nap.
내가 요새 너무 피곤해서 언제든 낮잠 잘 기회만 노리고 있어.

LESSON 8

My boss **wears** me out.

MP3 008

UNTIL NOW (X)   직장 상사는 밖에서 나를 입어.

FROM NOW (O)   **직장 상사 때문에 나 피곤해 죽겠어.**

wear
입다/착용하다

BASIC MEANING 1

1 I should wear something warm today.
오늘 따뜻하게 입어야겠다.

2 I'm not wearing socks in my shoes.
나 양말 안 신고 신발 신고 있는데.

3 She doesn't wear earrings. 걔는 귀걸이 안 해.

BASIC MEANING 2

1 Something smells good. Are you wearing perfume? 좋은 냄새 나네. 너 향수 뿌렸어? (향수 등을 뿌리다)

2 She's wearing thick makeup.
쟤 화장 진하다. (화장을 하다)

3 He always wears a big smile on his face.
그 사람은 항상 웃는 낯이야. (표정을 띠다/하다)

4 Some boys wear their hair long.
머리를 기르는 남자아이들도 있어. (머리를 특정 모양으로 하다)

옷을 오래 입으면 낡고, 향수도 뿌린 지 오래되면 휘발되어 날아갑니다. 결국 여러 번 입고 착용함으로써 재질을 마모시키기 때문에 wear는 ¹닳다는 의미로 확장이 가능합니다. 이 의미가 사람의 감정이나 체력이 닳는 것이 되면 ²지치다, 녹초가 되다는 뜻으로도 넓혀 볼 수 있습니다.

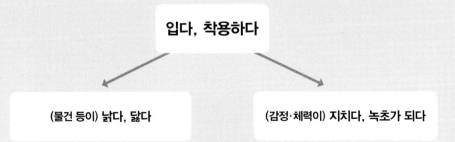

입다, 착용하다

(물건 등이) 낡다, 닳다   (감정·체력이) 지치다, 녹초가 되다

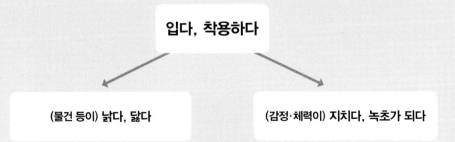

확장 1 낡다/닳다

1 **My shoes wear out quickly.**
나는 신발이 금세 닳아.

2
My favorite jeans are worn out.
내가 제일 좋아하는 청바지가 낡았어.

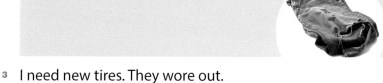

3 **I need new tires. They wore out.**
타이어 새로 사야 해. 바퀴가 다 닳았어.

4 **One section of Highway 1 is worn down. It needs to be repaved.**
1번 고속도로 한 구간이 닳았어. 아스팔트 다시 깔아야겠더라고.

확장 2 지치다/녹초가 되다

1 **My boss wears me out.**
직장 상사 때문에 나 피곤해 죽겠어.

2
I ran five miles. I'm worn out.
나 5마일 달렸거든. 완전 녹초가 됐어.

3 **I have two little boys. They wear me out.**
어린 아들이 둘 있는데 걔네들 때문에 내가 지쳐.

4
You binge-watched 10 episodes in one day? Aren't you worn out?
하루에 열 편을 정주행했다고? 안 지치니?

▶ **binge-watch** 몰아서 시청하다

Bear that in mind.

MP3 009

UNTIL NOW (X)   마음속 그 곰.

FROM NOW (O)   **기억해 둬./잊지 마.**

bear
곰

BASIC MEANING

1 In a Korean folktale, a bear turned into a human after eating garlic and mugwort for 100 days.
한국 설화에 곰이 100일 동안 마늘과 쑥을 먹고 사람이 됐다는 이야기가 있다.

2 Bears hibernate in the winter.
곰은 동면을 한다.

곰이 마늘과 쑥을 먹고 사람이 되듯 bear가 엉뚱한 의미로 탈바꿈해서 **¹**참다, 견디다의 뜻으로 쓰일 때가 있습니다. 여기서 상황이 지연된 걸 참으며 **²**봐주다, 무거운 **³**하중을 견디다는 의미로 확장되며, 머릿속에서 하중을 견디는 건 생각이나 기억을 내려 놓지 말라는 의미라서 **⁴**기억하다라는 뜻으로도 쓰입니다.

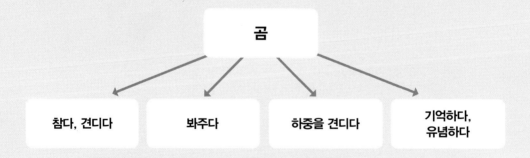

곰

참다, 견디다   봐주다   하중을 견디다   기억하다, 유념하다

확장 **1**   참다/견디다

1 I can't bear seeing her cry.
난 걔 우는 거 못 보겠어.

2 I don't know how she bore the extreme pain.
그렇게 아픈 걸 걔는 어떻게 견뎠나 몰라.

3 I can hardly bear his sarcasm.
나, 그 사람 비아냥거리는 거 참기 힘들어.

확장 2 봐주다 (bear with me/us의 형태로)

1 We're having technical difficulties. Please bear with us.
기술적인 문제가 생겼습니다. 잠시만 기다려 주세요.

2 Please bear with me. I'll make it short and clear.
조금만 봐주세요. 짧고 명료하게 끝내겠습니다.

3 I know my English is not perfect. Bear with me, please.
제 영어가 완벽하진 못해요. 좀 봐주세요.

확장 3 하중을 견디다

1 This elevator can't bear more than 1,000 pounds.
이 엘리베이터가 견딜 수 있는 하중은 1000파운드입니다.

2

The bridge can bear more than 70 tons.
그 다리는 70톤 이상의 하중을 견딜 수 있습니다.

확장 4 기억하다/유념하다

1 Please bear in mind that your flight might get canceled during hurricane season.
허리케인 시즌에는 비행편이 취소될 수도 있다는 점을 유념해 주십시오.

2

Be careful. Bear in mind that you just had surgery.
조심해. 너 방금 수술받았다는 거 잊지 마.

3 Thanks. I'll bear that in mind.
고마워. 명심할게.

4 The Portugal team has Ronaldo. Bear that in mind.
포르투갈 팀엔 호날두가 있어. 그걸 명심해.

5 We paid a lot for your college degree. Bear that in mind.
너 대학 졸업장 따는 데 우리 돈 많이 썼다. 꼭 기억해라.

He passed away three days **shy** of his 100th birthday.

MP3 010

UNTIL NOW (X) 그분은 100세 생신 때 3일 동안 부끄러워하다 돌아가셨다.

FROM NOW (O) **그분은 100세 생신을 3일 앞두고 돌아가셨다.**

shy
부끄러운/수줍은

BASIC MEANING

1 I was terribly shy as a teenager.
난 십 대 때 심하다 싶을 정도로 수줍음을 많이 탔어.

2 She is a shy little girl.
걘 부끄러움 많이 타는 꼬마 숙녀야.

3 You weren't that shy at the party last night.
너 어젯밤 파티에서는 그렇게 수줍어하지 않더라.

4 I'm too shy to ask questions.
난 너무 부끄러움을 타서 질문을 못 하겠어.

5 Don't be shy and ask questions.
부끄러워하지 말고 질문하세요.

부끄러움을 타다 보면 사람 대하기가 쉽지 않기 때문에 **1낯을 가리게** 됩니다. 이렇게 낯을 가리며 쭈뼛대다 보면 어떤 대상에 충분히 가까이 다가가지 못하겠죠? 접근이 충분히 이루어지지 않았다는 점에서 기준에 부합되지 못했다고 볼 수 있는데, 바로 이런 의미에서 **2부족한, 모자란**의 뜻으로까지 확장시킬 수 있습니다.

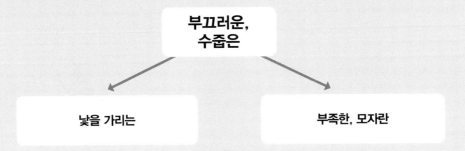

부끄러운, 수줍은

↙ 낯을 가리는

↘ 부족한, 모자란

확장 1 낯을 가리는

1 My daughter is shy with strangers.
우리 딸은 모르는 사람한테 낯을 가려요.

2 My cat is very shy.
우리 고양이는 낯 엄청 가려.

3 Are you still shy with me?
너 아직도 나한테 낯가리니?

4 My kids don't get to see their uncle that often, so they're still shy with him.
우리 애들은 삼촌을 자주 못 봐서 아직도 만나면 데면데면 낯을 가려.

확장 2 부족한/모자란 (주로 '부족한 양+shy of 기준점'의 형태로)

1
My car was just shy of $30,000.
내 차 가격이 3만 달러 좀 안 됐어.

2 He passed away three days shy of his 100th birthday.
그분은 100세 생신을 3일 앞두고 돌아가셨어.

3
The economic growth rate this year is 2-percent shy of last year.
올해 경제 성장률이 작년에 비해 2% 하락했습니다.

The wine is well-**aged**.

MP3 011

UNTIL NOW (X)   와인이 나이를 잘 먹었군.

FROM NOW (O)   와인이 잘 숙성됐군.

age
나이/연령

BASIC MEANING

1 She died at a young age. 그 사람 젊은 나이에 죽었어.

2 We are the same age. 우리 동갑이야.

3 This program is for people over age 40.
이 프로그램은 40세 이상을 위한 것입니다.

4 This movie is for all ages.
이 영화는 전 연령대 시청 가능합니다.

나이의 의미를 넘어 age는 같은 시대를 살아가는 [1]세대, 혹은 시대의 의미가 되기도 합니다. 나이를 먹는 데는 시간이 걸리므로 [2]오랜 기간의 뜻도 포함되며, 세월을 거쳐 [3]숙성되다란 의미로도 쓰입니다. 늙는 이유가 세월만은 아니라는 점에서 [4]~ 때문에 늙다는 의미로까지 확장 가능합니다.

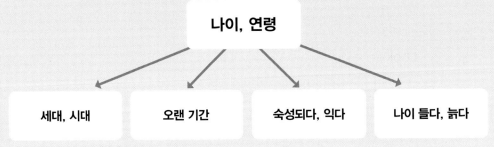

나이, 연령

세대, 시대 **오랜 기간** **숙성되다, 익다** **나이 들다, 늙다**

확장 **1**   세대/시대

1

We're living in the Digital/Internet/ Space Age.
우리는 디지털/인터넷/우주 시대에 살고 있습니다.

2 Mammoths lived during the Ice Ages.
매머드는 빙하기 때 살았다.

3 People my parents' age don't understand single life.
우리 부모님 세대 분들은 독신으로 사는 걸 이해 못 하셔.

확장 **2** 오랜 기간

1 I haven't seen him in ages.
그 사람 못 본 지 되게 오래 됐어.

2 It's been ages. 진짜 오랜만이다.

확장 **3** 숙성되다/익다

1 The wine is well-aged.
와인이 잘 숙성됐어.

2 The wine is aging in oak barrels.
와인이 참나무 통에서 숙성되고 있어.

3 My grandma knows how to age cheese at home.
우리 할머니는 집에서 치즈 숙성시키는 법을 아셔.

4 Well-aged cheese tastes great.
잘 숙성된 치즈는 맛이 그만이야.

5 My mom's ginseng liquor has been aging for three years.
우리 엄마가 담근 인삼주가 3년째 익고 있어.

확장 **4** 나이 들다/~ 때문에 늙다

1 Look at you. You haven't aged a day.
얘 좀 봐. 너 하나도 안 늙었다, 얘.

2
She's aging so well.
그 사람 참 예쁘게 나이 들어가고 있어.

3 My son ages me.
우리 아들 때문에 내가 늙어.

4 The sun ages my skin.
햇빛 때문에 내 피부가 늙어.

I **dragged** myself to work.

MP3 012

UNTIL NOW (X)	나는 나 자신을 일하러 질질 끌었다.
FROM NOW (O)	**나 출근하기 싫은 걸 억지로 (간신히) 나갔어.**

drag
끌다

BASIC MEANING

1 Don't drag your chair.
의자 끌지 마.

2 Your coat is dragging. 네 코트 바닥에 끌린다.

3 He drags his feet when he walks.
걘 걸을 때 발을 질질 끌어.

4 Make sure you're not dragging the package.
소포 질질 끌지 않도록 해. (= 끌지 말고 들어.)

5 We dragged the boat to the beach.
배를 해변으로 끌고 왔어.

drag는 단순히 물건을 질질 끌다는 뜻도 있지만, 마우스를 드래그하면 컴퓨터 화면이 위아래로 끌려다니는 것처럼 외압에 의해 [1]억지로 하다란 의미로 쓰입니다. 또한 하기 싫은 일을 억지로 하기 때문에 [2]지지부진하다, 늑장부리다는 뜻으로도 활용되며, 더 나아가 [3]지겹고 짜증나는 일, 장애물이란 의미로까지 확장될 수 있습니다.

질질 끌다

억지로 하다

지지부진(하다), 늑장(부리다)

지겹고 짜증 나는 일, 장애물

확장 1 (주어가) 억지로 하다/(주어가) 억지로 하게 하다

1 I drag myself out of bed at 5 every day.
난 매일 아침 5시에 억지로 일어나.

2 I dragged myself to work.
출근하기 싫은 걸 억지로 나갔어.

3 **Don't drag me into this.**
이 일에 나 끌어들이지 마.

> **drag someone into ~** 싫다는데 ~에 억지로 끌어들이다

4 **Can we go home now? You've been dragging me around all day.** 이제 집에 가면 안 될까? 너한테 하루 종일 끌려다녔어.

> **drag someone around** 억지로 ~를 끌고 다니다

확장 2 지지부진(하다)/늑장(부리다)

1
The meeting dragged on for three hours.
회의를 세 시간 동안이나 질질 끌었다니까.

2 **The day dragged. I'm about to pass out.**
하루가 어찌나 길던지. 나 곧 기절할 것 같아.

3 **Stop dragging it out. Just sit down and get it done.**
그만 늑장부리고 앉아서 딱 끝내 버려.

4 **The movie was such a drag.**
영화 내용이 어찌나 지지부진하던지.

> **drag** 지지부진, 늑장 (drag가 명사로 쓰임)

확장 3 지겹고 짜증나는 일/장애물

1 **My kids can be such a drag.**
애들 때문에 내 맘대로 못할 때도 있지.

2 **This project is such a drag.**
이 프로젝트 진짜 지긋지긋하다.

Look at the **school** of fish.

MP3 013

UNTIL NOW (X)	저기 물고기 학교 좀 봐.
FROM NOW (O)	**저 물고기 떼 좀 봐.**

school
학교

BASIC MEANING

1 **What high school did you go to?**
넌 어느 고등학교 나왔어?

2 **There's no school today.**
오늘 학교 안 가는 날이야.

3 **He's good at school.**
걔 학교에서 공부 잘해.

school은 기원전 그리스의 '학파'에 뿌리를 둔 단어가 세월을 거치며 일반적인 학교가 된 것입니다. 학교에서 지식을 쌓으면서 서로 같은 이론과 생각을 공유하는 사람들인 ¹학파가 나오고, 꼭 학문이 아니더라도 무엇을 ²배우는 장소로 의미가 확장되었습니다. 또한 학파에서 뜻이 확장돼 ³무리, 떼의 의미를 갖게 되었습니다. 규율과 규칙을 고집하는 학교는 고루하고 보수적이라는 인상이 있는데, 여기서 ⁴생각이 고루하고 보수적인 사람, 옛날 방식을 old-school이라고 표현하기도 합니다.

확장 **1** 학파

1 **Stoicism is one of the schools of philosophy.**
스토아 철학은 철학 학파 중 하나이다.

2 **What was taught at Aristotle's school?**
아리스토텔레스 학파에서는 무슨 사상을 설파한 거야?

확장 2 배우는 장소

1 I registered for driving school.
나 운전학원 등록했어.

2

I go to culinary school.
나 요리 학원 다녀.

3 Real-world experience was his school.
그 사람은 현장에서 몸으로 부딪치면서 배웠어.

확장 3 (특히 물고기나 해양 동물의) 떼

1 A school of tuna swam by.
참치 떼가 헤엄쳐 지나갔어.

2 Look at the school of fish.
저 물고기 떼 좀 봐.

3 It's so cool to see large schools of fish.
물고기들을 큰 떼로 보면 되게 멋있어.

확장 4 보수적인 (사람)/구식(의) (old school의 형태로)

1 My dad is a bit old school.
우리 아빠는 좀 보수적이야/옛날 사람이야.

2

I love your dress. It's old school and classy.
네 원피스 너무 예쁘다. 복고풍인데다가 고상해 보여.

3 I love old-school music.
난 옛날 노래가 좋더라.

4 He's an old-school actor.
그 사람 옛날 배우야.

5 My boss is old school. He thinks everyone should wear a tie at work.
우리 보스는 옛날 사람이라 직장에서는 다들 넥타이를 매야 한다고 생각해.

It was a tough **call**.

MP3 **014**

UNTIL NOW (X)	터프한 전화였어.
FROM NOW (O)	**어려운 결정이었어.**

call
부르다/전화하다

BASIC MEANING

1 Mom is calling you. 엄마가 너 불러.

2 I'm making a phone call. 지금 전화 거는 중이야.

3 It was a scam call. 보이스피싱 전화였어.
  ▸ voice phishing보다 scam call이 더 자연스럽습니다.

4 Can you call me back later? 나중에 다시 걸래?

call이 가진 누군가를 부르다라는 의미를 확대해 보면 '물건 값은 부르는 사람 마음이다'라는 말처럼 어떤 ¹결정을 내릴 수 있는 권한으로까지 퍼집니다. 또 하던 일을 ²중단하다, 그리고 call off의 형태로 계획을 취소하다는 뜻도 포함합니다.

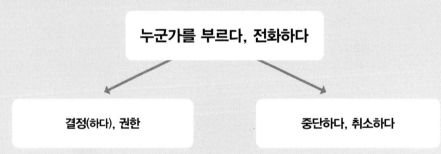

누군가를 부르다, 전화하다

결정(하다), 권한   중단하다, 취소하다

확장 1   결정(하다)/권한

1

It was a tough call.
어려운 결정이었어.

2 Good call.

결정 잘했네/그거 좋겠다/(상대방의 예상이 적중했을 때) 네 생각이 맞았어.

3 You're making the wrong call.

너 지금 잘못 결정하는 거야.

4 It's not my call. It's her call.

내가 결정할 수 있는 일이 아니야. 그 사람 권한이지.

5 You call it. 네가 결정해.

확장 **2** 마치다/취소하다(call off의 형태로)

1 We're all getting tired now. Let's call it a day.

다들 피곤하니까 오늘은 이만합시다.

2

Should we call it a night?

오늘 밤은 여기까지 할까요?

3 What? They called off the wedding?

뭐? 그 사람들, 결혼식을 취소했다고?

4 We'll have to call off the game today due to the weather.

날씨 문제로 오늘 경기는 취소해야 할 것 같습니다.

확장 **3** call의 기타 용법

1 The court called a witness.

법원이 증인을 소환했다.

2

That was a close call.

아슬아슬했어. 큰일날 뻔했어.

3 He lost the election, but it was a close call.

그 사람, 낙선되긴 했지만 선거는 막상막하였어/박빙이었어.

4 The so-called experts can't fix the problem.

소위 전문가라는 사람들이 그 문제 하나 해결 못 하네.

Something **stinks** about her.

MP3 **015**

UNTIL NOW (X)   그 여자한테서 뭔가 악취가 나.

FROM NOW (O)   **그 여자 뭔가 석연찮은 데가 있어.**

stink
악취를 풍기다

BASIC MEANING

1   I don't use public bathrooms. They stink.
   난 공중 화장실 안 가. 냄새 나.

2   Something stinks in here.
   여기서 안 좋은 냄새가 나.

3   Have you smelled cat poop? It stinks so bad.
   너 고양이 똥 냄새 맡아 본 적 있어? 냄새가 장난 아니야.

4   Your breath stinks. Don't open your mouth.
   너 입 냄새 장난 아니야. 입 벌리지 마.

5   I can't eat blue cheese. It's too stinky.
   난 블루 치즈 못 먹겠어. 냄새가 심해.

▶ **stinky** (stink의 형용사형) 구린내가 나는

악취를 맡았을 때의 불쾌함, 찝찝한 느낌에서 의미를 확장해 보면 일의 전후사정, 사건의 인과관계에 구린 데가 있고 **¹석연찮다**는 해석이 가능해집니다. 또한 **²물의를 일으키고 소** 란을 피우는 등의 불미스러운 행동이나 **³좋지 않은** 상황을 묘사하는 것 역시 확장된 의미 로 볼 수 있으며, 누가 뭔가를 **⁴아주 못한**다고 할 때도 자주 쓰입니다.

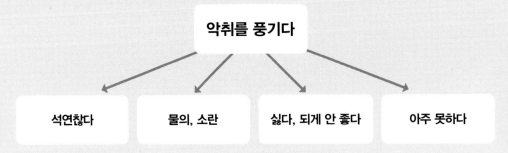

악취를 풍기다

| 석연찮다 | 물의, 소란 | 싫다, 되게 안 좋다 | 아주 못하다 |

확장 **1**   석연찮다

1   Something's not right. Something stinks.
   뭔가 앞뒤가 안 맞아. 아무래도 석연찮아.

2   I don't trust her. Something stinks about her.
   난 그 사람 안 믿어. 뭔가 석연찮아.

확장 **2**   물의/소란

1 There was a big stink about the pay cut.
월급이 삭감돼서 반발이 컸어.

2 Students raised a stink about sky-rocketing tuition.
하늘 높은 줄 모르고 치솟는 학비를 두고 학생들 사이에서 소란이 일어났다.

3 The rude customer made a big stink when asked to leave the restaurant.
무례하게 구는 손님에게 식당에서 나가 달라고 하자 그 손님이 크게 소란을 피웠다.

확장 **3**   싫다/되게 안 좋다

1

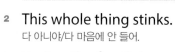

It stinks that you're moving away.
너 이사 가는 거 진짜 싫은데.

2 This whole thing stinks.
다 아니야/다 마음에 안 들어.

3 Having the flu stinks.
독감 걸리면 진짜 재미없어.

4 His reputation stinks.
그 사람 평판이 되게 안 좋아.

확장 **4**   아주 못하다

1 Our team stinks.
우리 팀 되게 못해.

2 His Korean stinks.
걔 한국어 징하게 못해.

3

I stink at tennis.
나 테니스 아주 못해.

I have a small vegetable **patch**.

MP3 016

UNTIL NOW (X)	나한테 채소로 만든 작은 패치가 있어.
FROM NOW (O)	**나한테 작은 채소밭이 하나 있어.**

patch
(붙이는) 패치

BASIC MEANING

1 I've been using blackhead patches, but they don't do anything.
블랙헤드 패치 쓰고 있는데 별 효과가 없어.

2 She has a pink eye and is wearing an eye patch. 걔 눈병 나서 안대 하고 있어.
▶ **have a pink eye** 눈병이 나다

3 My dad is using nicotine patches. We'll see how it goes.
우리 아빠 이제 금연 패치 붙이셔. 효과가 어떨지 보면 알겠지.

4 He's a Korean War veteran and always wears military patches on his jacket.
그분이 한국전쟁 참전 용사라 재킷에 항상 군대 견장을 달고 다니셔.

기미 패치, 미간 주름 패치라고 나온 것의 크기를 보면 필요한 부분에만 붙일 수 있게 사이즈가 작습니다. 그래서 ¹작은 면적이나 ²일정 기간 동안의 시간이란 뜻을 갖습니다. 뭔가 안 좋은 것을 개선하기 위해서 붙이는 패치의 기능적인 면을 고려하면 ³보완하다, 수선하다의 의미로까지 확장시킬 수 있어요.

붙이는 패치

작은 면적   일정 기간 동안의 시간   보완하다, 수선하다

확장 **1** 작은 면적

1 I have a small vegetable patch.
나한테 작은 채소밭이 하나 있어.

2 I inherited a tiny patch of land in the middle of nowhere.
완전 외진 데 있는 손바닥 만한 땅떼기를 물려받았어.

▶ **in the middle of nowhere** 외딴 곳, 외진 곳

3 My dog has bald patches on his back.
우리 개 등에 듬성듬성 털 빠진 부분들이 있어.

4 Eczema leaves red patches on the skin.
습진이 있으면 피부에 빨간 발진들이 생겨.

확장 **2** 일정 기간 동안의 시간

1 He's going through a rough patch.
그 사람 요새 힘들어.

2 When I was in high school, our family went through a bad patch.
내가 고등학생 때 우리 가족은 힘든 시기를 보냈어.

확장 **3** 보완하다/수선하다

1

The roof needs to be patched. It's leaking.
지붕 고쳐야겠다. 물이 새.

2 There's a hole in the inflatable raft. We need to patch it up.
팽창식(바람 넣는) 보트에 구멍이 났어. 구멍 때워서 수선해야겠다.

3 My grandma used to patch up the elbows on my shirts.
전에는 우리 할머니가 내 셔츠 팔꿈치에 헝겊을 대어 수선해 주곤 하셨는데.

She didn't **meet** my expectations.

MP3 017

UNTIL NOW (X)　그녀는 나의 기대들과 만나지 못했다.

FROM NOW (O)　**그녀는 내 기대에 못 미쳤다.**

meet
만나다

BASIC MEANING

1　We met wonderful people on our trip.
우리는 여행 갔다가 아주 좋은 사람들을 만났어.

2　Where did you meet your husband?
남편은 어디에서 처음 만났어?

3　We happened to meet again at college.
우리는 우연히 대학에서 다시 만났어.

4　Where do you want to meet?
우리 어디서 볼까?

5　I never met her in person.
나, 그 사람을 직접 만난 적은 없어.

만나기로 한 상대의 시간과 동선을 고려하듯 meet은 누군가의 [1]기대나 요구 조건에 부응하다는 의미로 확장 가능합니다. 극과 극의 생각을 가진 사람들이 의견차를 좁히고 중간 지점에서 만난다는 의미로 봤을 때는 적정선에서 [2]타협하다는 뜻도 됩니다. 또 선수가 많이 모여 벌이는 대회를 뜻하기도 하는데, 이때는 [3]육상 대회와 수영 대회에 국한되어 쓰입니다.

만나다
기대나 요구에 부응하다	타협하다, 절충하다	육상 대회, 수영 대회

확장 **1**　기대나 요구 조건에 부응하다

1　She didn't meet my expectations. 그녀는 내 기대에 못 미쳤어.

2　I want to meet the challenge. 쉽지 않겠지만 도전해 보고 싶어.

3　I can't meet your demands. 내가 네 요구를 다 들어줄 수는 없어.

4 I didn't get the job. Maybe I didn't meet their requirements.

나 거기 취직 못 했어. 내가 자격이 안 됐나 봐.

5 We'll try our best to meet the needs of our customers.

소비자의 요구를 충족시키기 위해 최선을 다하겠습니다.

확장 2 타협하다/절충하다 (주로 meet (someone) halfway/in the middle의 형태로)

1

Your price is too high. Can we meet halfway?

가격이 너무 세네요. 가격 절충이 가능할까요?

2 My boyfriend would never meet me halfway on anything.

내 남친은 나랑 타협하는 법이 없어.

3 I don't want to argue. Why don't you meet me in the middle?

말싸움하기 싫어. 우리 서로 조금씩 양보하면 안 될까?

확장 3 육상 대회/수영 대회

1

The track meet was called off due to heavy rain.

폭우로 인해 육상 대회가 취소되었다.

2 We have a swim meet this weekend.

이번 주말에 수영 대회가 있어.

We should **address** the elephant in the room.

MP3 018

UNTIL NOW (X)   우리는 방 안에 있는 코끼리의 주소를 알아야 해.

FROM NOW (O)   **꺼내기 불편한 문제이긴 하지만 짚고 넘어가자.**

address
주소

BASIC MEANING

1   What's your address?
주소가 어떻게 돼?

2   Can I get your address?
주소 좀 알려 줄래?

3   Would you deliver this box to this address?
이 주소로 이 상자 좀 배달해 주시겠어요?

4   We're still living at the same address.
우리 아직도 그 집(옛날에 살던 집)에서 살아.

5   We moved. Here's our new address.
우리 이사했어. 이게 우리 새 주소야.

주소가 있어서 편지, 소포 등의 수취인이 명확해지듯, address는 문제를 정확히 명시하여 [1]짚고 넘어가다, 그것을 해결하려 노력하다의 뜻도 있습니다. 또 대중에게 전하고 싶은 내용을 말로 전달하는 [2]연설(하다)의 의미로도 확장시킬 수 있습니다. 참고로 동사로 쓰일 때는 발음이 [어드레스]로 바뀝니다.

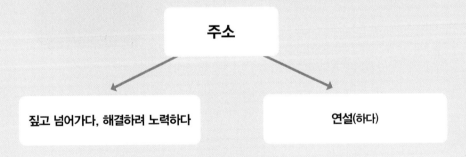

확장 **1**   짚고 넘어가다/해결하려 노력하다

1   It's hard to address social problems.
사회적인 문제들을 해결하기는 어렵다.

2   We better address the issue.
이 문제를 짚고 넘어가는 게 좋겠어.

▶ had better(~하는 게 좋겠다)를 better라고만 표현하기도 합니다. had better는 그렇게 안 하면 큰일날 것 같은 뉘앙스를 띠기 때문에 사용에 주의해야 합니다.

3 The workers' union failed to address our needs.
노동조합이 우리의 요구 사항을 제대로 짚고 넘어가지를 못했다.

4

Your paper doesn't address the topic.
네 논문은 주제를 제대로 짚고 넘어가지를 않아.
(= 주제에서 벗어났어/주제에 대한 설명이 없어.)

5 This article addresses global warming.
이 기사는 지구온난화를 다루어 짚어 주고 있어.

6 We should address the elephant in the room.
꺼내기 불편한 문제이긴 하지만 해결해야지.

▶ the elephant in the room은 직역하면 '방 안에 있는 코끼리'입니다. 코끼리가 방 안에 있으면
눈에 안 띌 수가 없겠죠? 그런데 아무도 그 코끼리에 관해 언급하지 않는 장면을 상상해 보세요.
분명이 있는데 말을 안 한다는 건 그만큼 '꺼내기 어렵고 힘든 문제'라는 뜻입니다.

확장 **2** 연설(하다)

1 The president will give his address this morning.
대통령께서 오늘 아침에 연설하실 거야.

2

Lincoln's Gettysburg Address is very famous.
링컨의 게티스버그 연설은 아주 유명해.

3 The speaker addressed the audience with a funny speech.
연설자가 청중들에게 재밌는 연설을 했어.

CHAPTER 2

설마!
이런 뜻으로도 쓰인다고?

If she doesn't get her **way**, she gets mad.

MP3 **019**

UNTIL NOW (X)	그녀는 자기 길을 얻지 못하면 화를 내.
FROM NOW (O)	**그녀는 뭐든 자기 맘대로 안 되면 화를 내.**

way
길

BASIC MEANING

1 I'm on my way. 나 지금 가는 길이야.

2 I'm on my way to work. 나 출근하는 길이야.

3 Could you tell me the way to the nearest subway station?
여기서 제일 가까운 지하철역 가는 길 좀 알려 주시겠어요?

목적지로 향하는 길은 어떤 결과를 얻기 위한 [1]방법, 방식, 방향성이라고도 볼 수 있는데요, 좋은 방식으로 문제를 쉽게 [2]잘 다룰 수도, [3]자기 좋을 대로 밀고 나갈 수도 있습니다. 또 way의 어원인 '움직이다'에서 의미를 확장하면 [4]훨씬 더의 뜻으로도 쓸 수 있습니다.

```
                        길

방법, 방식, 방향성    ~을 잘 다룸    자기 좋을 대로    훨씬, 많이
```

확장 **1** 방법/방식/방향성

1 This is the way I handle problems.
이게 내가 문제를 해결하는 방식이야.

2
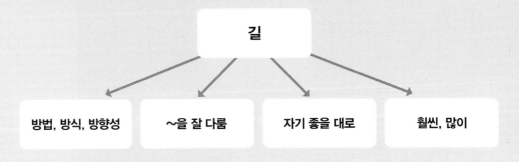

He has his own way to relieve stress.
그 사람 나름대로 스트레스 푸는 방법이 따로 있어.

3 That's the way it is.
그게 원래 그래.

4 The winner takes all. That's the way things are.
승자독식이야. 세상 이치가 원래 그렇단다.

5 She's mean. She was born that way.
걔 못됐어. 태생이 그런걸.

6 She has changed in many ways.
걔 여러 가지 면에서 많이 바뀌었어.

7 This game could swing either way.
이 게임은 어느 팀이 이길지 몰라.

8 I'm OK either way. 난 이래도 좋고 저래도 좋아.

확장 2 　～을 잘 다룸

1 She has a way with kids. 그 사람은 애들을 잘 다뤄.

▶ **have a way with** ～하는 데 도가 트다

2 He has a way with words. 그 사람은 말주변이 좋아.

3 Wow, you have a way with animals.
와, 너 동물 다루는 데 도가 텄구나.

확장 3 　자기 좋을 대로

1 It's not fair how you always get your way.
맨날 너 좋을 대로만 하는 건 불공평하지.

▶ **get one's (own) way** 자기 좋을 대로/멋대로 하다

2 My brother always manages to get his way.
내 남동생은 늘 자기 좋을 대로만 하려고 해.

3 If she doesn't get her way, she gets mad.
그 사람 뭐든 자기 맘대로 안 되면 화를 내.

확장 4 　훨씬/많이

1 That's way too expensive. 비싸도 너무 비싼데.

2 This is way better. 이게 훨씬 낫네.

3 She's way ahead of everyone in her class.
걔가 자기네 반에서 월등하게 잘해.

▶ **ahead of** ～을 앞서는

4 I can't eat all this. This is way too much.
나 이거 다 못 먹어. 양이 너무 많아.

She **dropped** the case.

MP3 020

UNTIL NOW (X)   그 사람이 그 케이스를 떨어뜨렸어.

FROM NOW (O)   **그 사람이 소송을 취하했어.**

drop
떨어뜨리다

BASIC MEANING

1 Excuse me. You dropped your wallet.
   저기요. 지갑 떨어뜨리셨는데요.

2 I dropped my pen, and it rolled off the table.
   펜을 떨어뜨렸는데 이게 탁자 밑으로 굴러떨어졌어.

들고 있던 것을 떨어뜨린다는 말을 손 놓다는 의미로 보아 **¹중단하다**란 뜻으로 확장되어 **²수강 신청 취소**, 학교 중퇴 등에 쓰입니다. 가볍게 **³물건을 두고 오다**는 뜻으로도 쓸 수 있는데, 같은 맥락에서 사람을 어느 장소에 데려다 주는 것도 포함돼요. 또한 한 방울씩 떨어뜨려 쓰는 **⁴안약** 등의 물약을 말하기도 합니다.

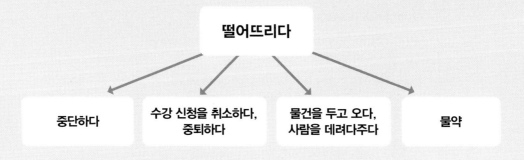

떨어뜨리다

중단하다 | 수강 신청을 취소하다, 중퇴하다 | 물건을 두고 오다, 사람을 데려다주다 | 물약

확장 1 중단하다

1 She dropped the case. 그 사람이 소송을 취하했어.

2 Can you drop it, please? You've been nagging me all morning. 제발 그만 좀 할 수 없어? 아침 내내 잔소리야.

3 I want him to drop the bad attitude and do his work.
   걔 그만 삐딱하게 굴고 제 일이나 하면 좋겠어.

수강 신청을 취소하다/중퇴하다

1 I dropped Psychology this semester. 나 이번 학기에 심리학 수강 취소했어.

2 His family had financial problems, so he dropped out of college. 걔네 집 형편이 안 좋아서 걔 대학 중퇴했어.

3 She's a high-school dropout. 걔 고등학교 중퇴야.

▶ **dropout** (학교) 중퇴자

(목적을 가지고 장소에) 물건을 두고 오다/(장소에) 사람을 데려다주다 (drop off의 형태로)

1 I'm going to the library to drop off this book.
이 책 반납하러 도서관 갈 거야.

2 I need to drop off these letters at the post office.
우체국 가서 이 편지들 부쳐야 해.

3 Can you drop off the kids at school this morning?
오늘 아침에 애들 좀 학교에 데려다줄 수 있어?

4 Drop me off at the corner. 저 모퉁이에서 내려 주면 돼.

(안약 등의) 물약

1 Do we have eye drops? 집에 안약 있어?

2 These are prescription eye drops. They're supposed to be good. 이거 의사가 처방해 준 안약이야. 잘 듣는다고 하대.

3 I have too much earwax. I need ear drops.
나 귀지가 너무 많아. 귀약(귀지를 녹이는 약)을 넣어야겠어.

drop의 기타 용법

1 I dropped the ball. 내가 실수했어.

▶ **drop the ball** 실수하다

2 His father dropped dead of a heart attack.
그 사람 아버지가 심장마비로 갑자기 돌아가셨어.

▶ **drop dead** 급사하다

3 She's drop-dead gorgeous. 그 여자 까무러칠 정도로 예뻐.

▶ **drop-dead** 넋을 쏙 빼 놓을 정도로

4 Drop us a line. 우리한테 연락 줘.

▶ **drop ~ a line** ~에게 연락하다

5 I just had a dropped call. 방금 전화가 중간에 끊겼어.

▶ **dropped** 중간에 끊긴

I'll **fix** dinner.

MP3 021

UNTIL NOW (X)	내가 저녁 식사 고칠게.
FROM NOW (O)	**내가 저녁 식사 준비할게.**

fix
고치다

BASIC MEANING

1 I fixed your bike. 내가 네 자전거 고쳐 놨어.

2 We should fix up our house before we sell it.
집을 팔기 전에 좀 고쳐야겠어.

3 I fixed my hair before the photo.
나 사진 찍기 전에 머리 좀 손봤어.

고치는 대상을 물건이 아닌 문제점으로 보면 ¹바로잡다는 뜻으로 확장됩니다. 바로 잡은 상태나 결정을 유지시킨다는 의미에서 ²고정시키다란 해석도 가능하죠. 또한 스포츠 경기에서의 ³승부 조작, 동물의 ⁴중성화 수술을 하다, 그리고 ⁵음식을 준비하다란 뜻으로도 자주 쓰입니다.

고치다

해결하다	고정시키다	승부를 조작하다	중성화 수술을 시키다	(음식을) 차리다

확장 1 문제점을 바로잡다/해결하다

1 My family has problems, but we can fix them.
우리 가족한테 문제가 있긴 하지만 바로잡을 수 있어.

2
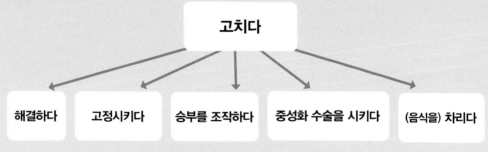
Is there any way to fix our problem?
우리 문제를 해결할 방법이 뭐 없을까?

확장 2 고정시키다/못 박다

1. You can't move the table. It's fixed to the floor.
   너 그 테이블 못 옮겨. 바닥에 고정된 거야.

2. They fixed the price at $1,000 and wouldn't give me a discount.
   천 달러로 가격을 고정해 놓고 깎아 주지를 않더라고.

3. Our mortgage has a fixed rate of 7 percent.
   우리 주택 담보 대출이 7% 고정 금리야.

4. Let's fix the date for our next meeting.
   다음 회의 날짜 정하자.

확장 3 승부를 조작하다

1. I bet the game was fixed.
   그 경기 승부 조작된 게 확실해.

2. Well, someone fixed the match.
   음, 누가 승부를 조작했구먼.

3. The boxing match was fixed.
   권투 경기가 승부 조작됐어.

확장 4 (동물의) 중성화 수술을 하다

1. My dog is neutered. He's fixed. 우리 개(수컷) 중성화 수술했어.
   ▶ **neuter** 거세하다

2. My cat is spayed. She's fixed. 우리 고양이(암컷) 중성화 수술했어.
   ▶ **spay** 나팔관과 자궁을 들어내다

확장 5 (음식 등을) 마련하다/차리다

1. I'm fixing breakfast for my family.
   나 식구들 아침 차려 주고 있어.

2. Can you fix my lunch?
   나 점심 좀 차려 줄 수 있어?

3. I'll fix dinner.
   내가 저녁 식사 차릴게.

Give me the **bottom** line.

MP3 022

UNTIL NOW (X)   바닥에 있는 선을 주세요.

FROM NOW (O)   **요점을 말해 주세요.**

bottom
바닥

BASIC MEANING

1 Your socks are in the bottom drawer.
네 양말, 서랍 맨 밑 칸에 있어.

2 The leftover cake is on the bottom shelf of the refrigerator.
케이크 남은 거 냉장고 맨 아래 칸에 있어.

바닥인 bottom은 상하 구분 관점에서 보면 **1**하위, 신체 중에서는 엉덩이, 의복 중에서는 하의로 의미를 확장시킬 수 있습니다. 또 어떤 일의 바닥을 들여다본다는 건 그 일의 근원이 되는 **2**요점, 핵심(bottom line)을 파악하고 **3**원인을 알아내다(get to the bottom of)란 의미가 되겠죠.

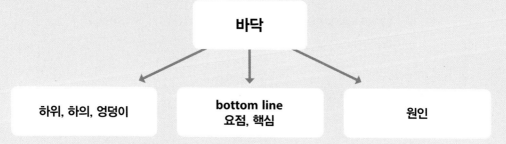

바닥
하위, 하의, 엉덩이	bottom line 요점, 핵심	원인

확장 **1**   하위/하의/엉덩이

1 Our team is at the bottom of the league.
우리 팀이 리그 최하위야.

2 She started at the bottom, but now she owns her own business.
그 사람, 밑바닥에서 시작했지만 지금은 자기 사업체를 가지고 있어.

3 I can't find my pajama bottoms.
내 잠옷 하의가 어디 있는지 못 찾겠어.

4 I like to wear different colored bikini tops and bottoms.

난 비키니 위아래 색깔 다르게 입는 게 좋아.

5 My baby has a rash on his bottom.

우리 아기 엉덩이에 발진이 났어.

확장 **2** 핵심/요점 (bottom line의 형태로)

1 Give me the bottom line.

요점을 말해 줘.

▸ bottom line은 '핵심', '요점'이라는 뜻으로, 예전에 회계 장부를 적을 때 가장 아래에다 선을 긋고 결산 결과를 적었던 데서 유래한 표현입니다.

2 The bottom line is: Can you handle this position?

중요한 건 말이지, 네가 이 직책을 감당할 수 있겠어?

3 The bottom line is that we need to do something to save our business.

요점은 우리 사업체를 살리려면 우리가 뭐라도 해야 한다는 거야.

4 People don't change. That's the bottom line.

사람은 안 바뀌어. 그게 핵심이지.

확장 **3** 원인 (get to the bottom of의 형태로)

1 We're having technical difficulties, but don't worry. We'll get to the bottom of it.

기술상의 문제가 생겼지만 걱정하지 마세요. 원인을 찾아낼 겁니다.

▸ **get to the bottom of** ~의 원인을 알아내다

2

We got to the bottom of the problem.

문제의 원인을 알아냈어요.

3 The police are trying to get to the bottom of this case.

경찰이 이번 사건의 원인 규명을 위해 애쓰고 있어.

I got a **head** start on the project.

MP3 **023**

UNTIL NOW (X) 나는 그 프로젝트 머리부터 시작했어.

FROM NOW (O) **나는 그 프로젝트를 일찌감치 시작했어.**

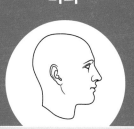

head
머리

BASIC MEANING

1 He has such a big head.
그 사람 머리 되게 커.

2 Watch your head.
머리 (찧지 않게) 조심해.

3 I fell headfirst.
(넘어질 때) 머리부터 넘어졌어.

신체를 이끌고 진두지휘하는 부분이 머리인 만큼 단체의 **1**지도자, 우두머리의 뜻으로 확장됩니다. 가고자 하는 방향으로 머리를 돌린다는 의미에서 **2**향하다의 뜻으로 쓰입니다. 육상 같은 경기에서 남들보다 머리 하나가 앞으로 쑥 나가 있으면 나중에 결승선(finish line)에 도착할 때도 유리하겠죠? 그래서 start와 결합하여 **3**앞선 시작, 유리한 입지(head start)를 뜻하기도 합니다.

머리

지도자, 우두머리 → ～로 향하다 → head start 앞선 시작, 유리한 입지

확장 **1** 지도자/우두머리

1 He's the head.
그 사람이 두목/대장이야.

2 The Pope is the head of the Catholic Church.
천주교에서는 교황이 수장이야.

3 Our head coach is very strict.
우리 수석 코치님이 되게 엄해.

4 I got promoted to head manager.

나 매니저장으로 승진했어.

5 Google headquarters is in Silicon Valley.

구글 본사는 실리콘밸리에 있어.

▶ quarters는 '(군인들이 거처하는) 숙소, 막사'의 의미가 있는데, 직장인들이 근무하는 회사에서는 모든 것을 총괄적으로 주관하는 '본사'를 headquarters라고 합니다.

확장 2 ~로 향하다

1 Where are you heading?

너 이제 어디로 갈 거야?

2

I'm heading home now.

이제 집에 가려고.

3 I'm going to head to work.

일하러 가려고.

확장 3 앞선 시작/유리한 입지 (head start의 형태로)

1 I got a head start on the project.

나는 그 프로젝트를 일찌감치 시작했어.

2 His height gave him a head start.

그 사람은 키 때문에 유리했어.

3 Speaking multiple languages would give you a head start.

언어를 여러 개 구사하면 남들보다 유리하지.

확장 4 head의 기타 용법

1 He's a bonehead.

걔 돌대가리야.

2 She's hardheaded.

걔 똥고집이야.

3 She's a bubblehead.

사람이 실없어/속없어.

4 My boss is a butthead.

내 직장 상사는 똥멍청이야.

LESSON 6

He's in a tough **spot**.

MP3 024

UNTIL NOW (X)   그 사람이 거친 점 안에 있어.

FROM NOW (O)   **그 사람 입장이 난처해.**

spot
점

BASIC MEANING

1 I'm getting age spots.
나 기미가 생기네.

2 She has a beauty spot on her nose.
그 사람 코에 애교점이 있어.

3 We named our dog Spot because he has brown spots on his back.
우리 개 등에 갈색 점들이 있어서 이름을 스팟이라고 지었어.

몸이 아니라 물건에 점 같은 것이 생기면 [1]얼룩이라고 합니다. spot에는 점을 콕 찍어 둔 것처럼 특정한 [2]지점, 자리, 장소라는 의미도 있어요. 여기서 어느 지점에 있는 특정 대상을 [3](눈에 띄어) 찾다는 의미로도 확장됩니다. 마음이나 상황에서의 자리로도 확장돼 [4]약한 마음(soft spot), 혹은 난처한 입장(tough spot) 등을 말할 때 활용되기도 합니다.

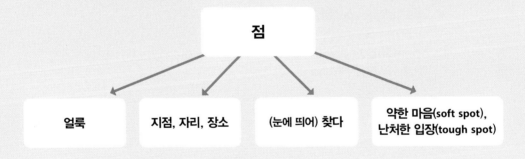

점

얼룩 | 지점, 자리, 장소 | (눈에 띄어) 찾다 | 약한 마음(soft spot), 난처한 입장(tough spot)

확장 **1**   얼룩

1 There's a spot on the couch.
소파에 얼룩이 있네.

2 Oil can leave spots on fabric.
천에 기름이 묻으면 얼룩져.

3 This is the best spot remover.
얼룩 제거제는 이게 최고야.

지점/자리/장소

1 I can't find a parking spot.
주차할 데를 못 찾겠네.

2 Scooch! This is my spot.
(친한 사이에) 비켜. 여기 내 자리야.

▸ **scooch** (앉은 상태로 움직여) 몸을 비키다. 조금 움직이다

3

My dog sits by the door all the time.
That's her spot.
우리 개는 늘 문가에 앉아 있어. 거기가 걔 자리야.

4 We found a perfect spot for our picnic.
피크닉에 딱인 장소를 찾았어.

5 He was arrested on the spot.
그 사람 현장에서 체포됐어.

▸ **on the spot** 현장에서

6 Disneyland is a hot spot for kids.
애들한테는 디즈니랜드가 인기 있는 장소지.

확장 **3** (눈에 띄어) 찾다

1 I just spotted her. She's there.
방금 걔 찾았어. 저기 있네.

2 It's easy to spot red cars.
빨간 차는 눈에 잘 띄어서 찾기 쉬워.

3 The producer spotted the actress he wanted for the role.
감독이 그 배역을 맡기고 싶은 여배우를 찾았어.

확장 **4** 약한 마음(soft spot의 형태)/난처한 입장(touch spot의 형태)

1 His daughter is his soft spot.
그 사람 자기 딸한테는 약해.

2 I'm not a cat person, but I have a soft spot for my neighbor's cat.
내가 고양이 좋아하는 사람은 아닌데 우리 이웃집 고양이한테는 마음이 약해져.

3 He's in a tough spot.
그 사람 입장이 난처해.

He's a **strong** swimmer.

MP3 025

UNTIL NOW (X)   그는 힘이 센 수영 선수야.

FROM NOW (O)   **그는 수영 실력이 상당해.**

strong
힘이 센/튼튼한

BASIC MEANING

1 Now she's strong enough to walk without anybody's help.
그 사람, 이제 다른 사람 도움 없이도 걸을 수 있을 만큼 튼튼해졌어.

2 Ants are strong. They can carry ten to fifty times their body weight.
개미들은 힘이 세. 자기 몸무게의 열 배에서 오십 배까지 들고 운반할 수 있거든.

3 This wooden table is strong. It's made of oak. 이 나무 탁자 튼튼해. 참나무로 만들었어.

사람이나 동물은 힘이 세다고 하고 사물은 튼튼하다고 표현합니다. 이걸 성격에 대입시키면 **¹강직한**, 강도로 따지면 **²심한**, 진한이 되고, 특정 분야에서 힘이 세다고 한다면 웬만해서는 이길 수 없을 만큼 그 일을 **³잘하는**, 실력 있는의 의미로 확장시킬 수 있습니다.

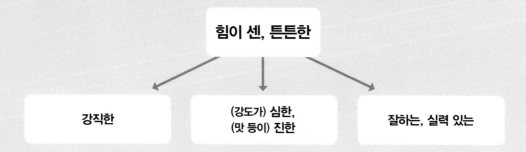

힘이 센, 튼튼한

강직한

(강도가) 심한,
(맛 등이) 진한

잘하는, 실력 있는

확장 1   (성격이) 강직한/센

1 He has a strong personality.
그 사람 성격이 세.

2 She's a strong and stubborn person.
그 사람 성격도 강하고 고집도 세.

3 He has strong political views.
그 사람은 정치관이 확고해.

4 I have strong feelings for my hometown.
난 내 고향이 되게 애틋해.

(강도가) 심한/(맛 등이) 진한

1 The wind is strong today. We better stay inside.
오늘 바람이 심하게 부네. 안에 있는 게 좋겠어.

2 He has strong body odor. It can wake up the dead.
그 사람 암내가 진짜 심해. 그 냄새 맡으면 죽은 사람들도 깨어날걸.

3

This coffee is way too strong. It needs milk or creamer.
이 커피 진해도 너무 진하다. 우유나 프림 좀 타야겠어.

잘하는/실력 있는

1

He's a strong swimmer.
걔 수영 실력이 상당해.

2 I used to be a strong marathoner, but now I'm old and lazy.
내가 전엔 실력 있는 마라톤 선수였는데 이제는 나이도 들고 게을러졌어.

3 She's a strong presidential candidate.
그 사람이 유력한 대통령 후보야.

strong의 기타 용법

1 The American team started out strong, but they finished weak.
미국 팀이 시작은 좋았는데 (초반엔 강세였는데) 후반부가 안 좋았어.

▶ **start strong** 힘차게 시작하다, 시작이 좋다

2 The last two miles were tough, but I finished strong.
마지막 2마일이 힘들었지만 (내가 마지막에 박차를 가해서) 잘 마무리했어.

▶ **finish strong** 끝마무리를 잘하다, 끝이 좋다

I have to make a quick **trip** to the store.

MP3 026

UNTIL NOW (X)	가게로 빨리 여행 다녀와야겠어.
FROM NOW (O)	**가게에 좀 금방 다녀와야겠다.**

trip
여행

BASIC MEANING

1 **Have a nice trip.**
여행 잘 하고 와.

2 **I'm on a business trip.**
나 지금 출장 중이야.

3 **My kids are on a field trip.**
애들 현장 체험 학습 갔어.

4 **We take a family trip every summer.**
우리 가족은 매년 여름마다 여행 가.

5 **Let's go on a road trip to New York.**
차 몰고 뉴욕에 갔다 오자.

6 **It was a day trip.**
당일치기로 다녀왔어.

trip이라고 하면 여행만 생각하기 쉬운데, 거리, 목적지에 관계없이 이동한다는 뜻으로 쓰입니다. 이것이 make와 결합해 [1]볼일을 보러 ~에 가다의 의미로 넓어집니다. 더 넓은 의미에서 이동을 위해 걸음을 옮기다가 자칫 무엇에 [2]걸려 넘어지다는 뜻으로까지 확장시켜 활용할 수 있습니다.

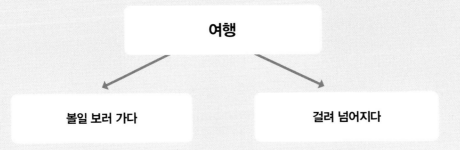

여행

볼일 보러 가다

걸려 넘어지다

볼일 보러 가다 (make a trip의 형태로)

1 I made a trip to my doctor.
병원에 다녀왔어.

2 I have to make regular trips to my eye doctor.
안과에 정기적으로 다녀야 해.

  ▶ **make regular trips to** ～에 정기적으로 다니다

3 I have to make a quick trip to the store.
가게에 좀 금방 다녀와야겠다.

  ▶ **make a quick trip to** ～에 잠깐/금방 다녀오다

4
I made a quick trip to the bank this morning.
오늘 아침에 은행에 잠깐 다녀왔어.

걸려 넘어지다

1 My mom almost tripped on the carpet.
우리 엄마 카펫에 걸려 넘어지실 뻔했어.

2 He tripped over his own feet.
걔, 자기 발에 자기가 걸려 넘어졌어.

3
Put your toys away. Someone might trip over them.
장난감 치워 놔. 누가 걸려서 넘어질라.

4 I tripped over something, but I don't know what it was.
뭔가에 걸려 넘어졌는데 그게 뭔지 모르겠어.

You **saved** me a trip to the store.

MP3 027

UNTIL NOW (X)   내가 가게에 가는 걸 네가 구원했다.

FROM NOW (O)   네 덕분에 가게 안 가도 됐어.

save
구하다/저축하다

BASIC MEANING 1 (구하다)

1 People saved the stranded baby whale.
사람들이 해변으로 밀려온 아기 고래를 구조했다.

2 The famous actress saved more than 100 stray dogs.
유명 여배우가 유기견을 100마리 이상 구조했다.

BASIC MEANING 2 (저축하다)

1 I save most of my paycheck.
난 월급의 대부분을 저축해.

2 She has big savings.
걔 저축해 놓은 돈이 많아.

위험에 빠진 사람을 구하는 건 결국 도와준다는 뜻입니다. 이 '도와주다'의 의미에서 누군가의 [1]수고를 덜어 주다, 덕을 보다란 의미로 확장돼요. 또 생활을 안전하게 하기 위해 필요한 돈을 저축하다란 뜻으로 쓰이며, 돈을 저축하듯 무엇을 [1]아껴 두다, 남겨 놓다, 맡아 놓다는 의미로도 퍼져갈 수 있습니다. 여기서 계획된 일을 하려고 [2]시간·날짜를 비워 두다는 뜻으로까지 확장됩니다.

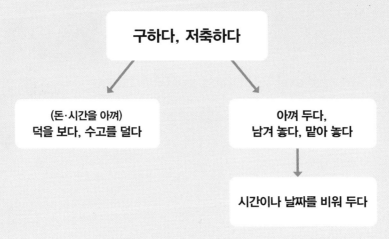

구하다, 저축하다

(돈·시간을 아껴)
덕을 보다, 수고를 덜다

아껴 두다,
남겨 놓다, 맡아 놓다

시간이나 날짜를 비워 두다

확장 1 (돈·시간을 아껴) 덕을 보다/수고를 덜다

1 Use this code on your order. It'll save you 10 percent.
주문할 때 이 코드 넣어. 10퍼센트 싸게 살 수 있을 거야.

2 Thank you for the coupon. It saved me $50.
쿠폰 줘서 고마워. 그 덕에 50달러 아꼈어.

3 You saved my day.
너 아니었으면 오늘 어쩔 뻔했니.

4 Thank you. You saved me at the meeting.
고마워. 회의 때 너 아니었으면 곤란할 뻔했어.

5 You saved me a trip to the store.
네 덕분에 가게 안 가도 됐네.

6 The Internet saves me time and effort.
인터넷 덕에 시간도 절약하고 힘도 덜 들어.

저축하다

확장 1 아껴 두다/남겨 놓다/맡아 놓다

1 I'm saving these cookies for later.
이 쿠키 아껴 뒀다가 나중에 먹어야지.

2 Do you want me to save you some dinner?
저녁 밥 네 것 좀 남겨 놓을까?

3
Save some pizza for me.
피자 내 것도 좀 남겨 놔.

4 Would you save my spot for a second?
잠깐만 제 자리 좀 맡아 주시겠어요?

확장 2 시간이나 날짜를 비워 두다

1 Save the date for his birthday party.
걔 생일 파티에 가게 그 날짜는 비워 둬.

2 My mom always saves time for us.
우리 엄마는 늘 우리를 위해 시간을 비워 두셔.

3 Can you save this weekend for cleaning the house together?
같이 집 청소 좀 하게 이번 주말 비워 둘 수 있어?

People need to **wake up**.

MP3 028

UNTIL NOW (X)	사람들이 그만들 자고 일어나야 해.
FROM NOW (O)	**대중들이 현실을 바로 볼 필요가 있어.**

wake up
일어나다

BASIC MEANING

1 I wake up early in the morning.
난 아침에 일찍 일어나.

2 He had a hard time waking up this morning.
걔가 오늘 아침에 일어나기 힘들어했어.

3 I woke up with a headache.
일어날 때 머리가 아프더라고.

4 The alarm woke me up. 나 알람 소리에 깼어.

잠에서 깨어나 정신을 차리듯 wake up은 그동안 몰랐거나 등한시했던 **1**현실에 눈뜨다, 자각하다, 각성하다는 뜻까지 포함합니다. 흩어진 주의력을 모을 때 쓰이면 **2**정신 차리다, 분발하다는 뜻이기도 합니다.

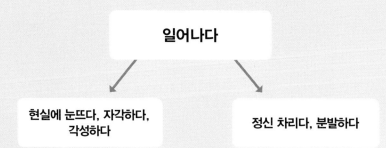

```
                일어나다
          ↙                    ↘
현실에 눈뜨다, 자각하다,      정신 차리다, 분발하다
      각성하다
```

확장 **1** 현실에 눈뜨다/자각하다/각성하다

1 She needs to wake up. She's too naïve.
걔도 좀 현실에 눈을 떠야 해. 애가 너무 순진하다니까.

2 People need to wake up.
대중들이 현실을 바로 볼 필요가 있어/자각이 필요해.

3 Hey, wake up. Your boss is using you.
야, 정신 차려. 네 상사가 너 이용하는 거야.

4 He woke up to the fact that he's not good enough to join the varsity team.

걔가 학교 대표팀에 합류하기엔 자기 실력이 안 된다는 걸 깨달은 거지.

5 You need to wake up to reality. Your dreams don't pay the bills. 현실을 생각해야지. 꿈이 밥 먹여 주는 건 아니잖아.

▶ Your dreams don't pay the bills.를 직역하면 '꿈이 생활에 필요한 요금을 내 주지 않는다'이므로, 즉 '꿈이 밥 먹여 주지 않는다'의 의미이다.

6

We're being misled by the media. We need to wake up.

우리가 언론에 속고 있는 거야. 각성해야 해.

7 Bad leaders don't want their people to wake up.

나쁜 지도자들은 대중이 각성하길 원하지 않는다.

확장 2 정신 차리다/분발하다 (주로 명령형으로)

1 Wake up, guys. We need to win this game.

다들 정신 차려. 우리 이 경기 꼭 이겨야 해.

2

Wake up! We got this.

분발하자! 할 수 있어.

Who **buys** her story? I don't.

MP3 029

| UNTIL NOW (X) | 그 사람이 쓴 스토리를 누가 사냐? 난 안 사. |
| FROM NOW (O) | 그 사람 얘길 누가 믿니? 난 안 믿어. |

buy
사다/구매

BASIC MEANING 1 (사다)

1 Who's buying lunch?
점심 누가 쏠 거야?

2 Sometimes I buy myself flowers.
가끔 내가 나한테 주려고 꽃을 사기도 해.

3 Don't buy that brand of soy sauce. It's salty and bitter.
그 브랜드에서 나오는 간장 사지 마. 맛이 짜고 써.

4 Money can't buy happiness.
행복은 돈으로 못 사.

5 Some companies buy reviews. These reviews are obviously all fake.
어떤 회사들은 돈을 주고 (구매자) 후기를 사. 이 후기들은 확실히 다 가짜야.

6 People are buying out all the ramen.
사람들이 라면을 다 사재기하고 있어.

▸ **buy out** 사재기하다

7 Panic buying is going on these days.
요새 (물품 부족 사태를 우려한) 사재기가 극성이야.

BASIC MEANING 2 (구매)

1 It was a real buy at that price.
그 가격이면 진짜 잘 산 거였지.

2 Get it while it lasts. It's a good buy.
있을 때 사세요. 잘 사시는 거예요.

3 My laptop was the best buy available.
내 노트북을 제일 좋은 가격에 샀어.

제품에 대한 믿음, 신뢰가 없으면 물건을 **구매하지** 않죠. 여기에서 buy를 **¹믿다**란 의미로 확장시킬 수 있습니다. 참고로 buy가 믿다의 의미일 때는 사람이 아니라 누군가의 말, 상황을 믿는 것이기에, I buy you.처럼 쓰이지는 않습니다. 또 '구매하다'란 원 뜻 안에서의 폭넓은 활용이 가능하기 때문에 여러 가지 형태로 익혀 두는 것이 좋아요.

사다, 구매

↓

누군가가 한 말이나 상황을 믿다

확장 **1**   믿다

1

I'm not buying what he said.
난 그 사람이 한 말 안 믿어.

2   Who buys her story? I don't.
걔 얘길 누가 믿니? 난 안 믿어.

3   I told Brandon what Jennie said, but he wouldn't buy it.
내가 제니가 한 말을 브랜든에게 전했는데 안 믿더라고.

What's the time **frame**?

MP3 030

UNTIL NOW (X)   시간의 틀이란 무엇인가요?

FROM NOW (O)   **기간이 얼마나 되나요?**

frame
틀/틀에 넣다

BASIC MEANING

1 I bought a picture frame for our family portrait. 우리 가족 초상화를 넣으려고 액자를 하나 샀어.

2 Don't hang from the doorframe.
문틀에 매달리지 마라.

3 I need to repair the window frame.
나 창틀을 고쳐야 해.

4 I don't like my bedframe.
내 침대틀이 마음에 안 들어.

5 The frame is made of plastic.
틀이 플라스틱 재질이야.

6 I framed my daughter's painting.
우리 딸이 그린 그림을 액자에 넣었어.

사진과 사진틀(액자)의 크기가 맞아야 하듯이, 물체가 부합해야 하는 공간 규격을 틀이라고 합니다. 이를 시간(time)의 범주로 의미를 확장하면 일을 끝마쳐야 하는 시간 규격, 즉 ¹기간 을 뜻하게 됩니다. 더 나아가 범인이 아닌 사람에게 틀을 씌우듯 ²누명을 씌우다란 의미로 까지 넓혀 볼 수 있습니다.

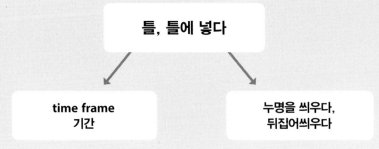

틀, 틀에 넣다

time frame
기간

누명을 씌우다,
뒤집어씌우다

확장 **1** 기간 (time frame의 형태로)

1 What's the time frame for this project?
이 프로젝트 기간이 어떻게 돼요? (언제까지 끝내면 돼요?)

2

They didn't give us a time frame, but we shouldn't take our time on this.

언제까지라고 기간은 안 정해 줬지만
그래도 우리 측에서 오래 끌면 안 되지.

3 Setting a time frame to do your work is a good idea.

기간을 정해 놓고 일하는 건 좋은 생각이야.

확장 **2** 누명을 씌우다/뒤집어씌우다

1 He was framed for murder.

그 사람 살인 누명을 썼어.

2 The company needs a scapegoat to frame.

회사 측에서는 책임을 뒤집어씌울 희생양이 필요한 거지.

▶ **scapegoat** 희생양, 남의 죄를 대신 지는 사람

3

Let's not frame the wrong person.

엉뚱한 사람한테 뒤집어씌우지 말자.

4 I can't believe they're framing me.

그 사람들이 어떻게 나한테 뒤집어씌울 수가 있지?

The opera singer **rocked**.

MP3 031

UNTIL NOW (X)   오페라 가수가 락 음악을 했다.

FROM NOW (O)   **오페라 가수가 무대를 찢었다.**

rock
바위/돌

BASIC MEANING

1 Chimney Rock in North Carolina is a famous tourist spot.
노스 캐롤라이나에 있는 침니 락(굴뚝처럼 생긴 바위)은 유명한 관광 명소이다.

2 The mean kids threw rocks at a homeless man.
못된 아이들이 노숙자에게 돌을 던졌어.

3 Highways in California are sometimes closed due to rockslides.
캘리포니아 고속도로들은 낙석으로 인해 봉쇄되는 경우가 가끔 있다.

큰 바위를 보면 저게 과연 흔들릴까 안 흔들릴까 궁금합니다. 거기서 **¹**흔들다는 뜻으로 넓힐 수 있는데, 사물이 물리적으로 흔들리는 것 외에 큰 사건, 소식으로 인해 **²**사람들이 술렁이다, 더 나아가 공연·경기 등이 멋질 때 **³**끝내주다라는 찬사로도 쓰입니다. 참고로 꼭 큰 바위뿐 아니라 표면이 거칠고 모가 많이 난 작은 돌들도 rock이라 부르고, 이런 돌의 거친 면을 닮은 음악 장르인 rock and roll도 있습니다.

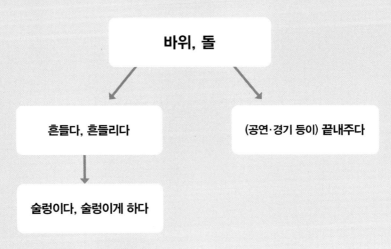

바위, 돌

흔들다, 흔들리다

(공연·경기 등이) 끝내주다

술렁이다, 술렁이게 하다

확장 1 흔들다/흔들리다

1

Grandma is sitting in her rocking chair.
할머니가 흔들의자에 앉아 계셔.

2 She's rocking the baby to sleep.
그 사람이 아기 재우려고 안아서 흔들어 주고 있어.

3 People felt the building rocking slightly.
사람들은 건물이 살짝 흔들리는 걸 느꼈지.

확장 2 술렁이다/술렁이게 하다

1 The scandal rocked the country.
그 스캔들로 나라가 다 술렁거렸어.

2 The political scandal is rocking society.
정치 스캔들로 사회가 술렁이고 있어.

3 The actor's sudden death rocked the movie industry.
그 배우의 갑작스러운 죽음으로 영화계가 술렁거렸다.

확장 3 (공연·경기 등이) 끝내주다

1 The opera singer rocked.
오페라 가수가 노래를 끝내주게 잘했어/무대를 찢었어.

2 Our school band rocked the crowd.
우리 학교 밴드부가 관중들의 호응을 많이 받았어.

3 Your presentation rocked!
네 프레젠테이션 완전 짱이었어!

4

You rocked! The performance was fantastic!
너 완전히 무대를 찢어놨어! 공연 너무 좋던데!

I'm **stuffed**.

MP3 **032**

UNTIL NOW (X)   나는 물건들로 속이 채워졌다.

FROM NOW (O)   **나 배불러.**

---

stuff
(어떤) 것/물건/
속을 채우다

BASIC MEANING

1 **Is this your stuff?**
이거 네 거니?

2 **This is my mom's stuff.**
이거 우리 엄마 물건이야.

3 **I don't like that kind of stuff.**
난 그런 거 안 좋아해.

4 **She keeps buying stuff for the kitchen.**
그 사람이 자꾸 부엌용품들을 사들여.

5 **Our house is full of our kids' stuff.**
우리 집은 애들 물건으로 꽉 찼어.

6 **She loves stuffed animals.**
걔는 동물 모양 봉제 인형 되게 좋아해.

▶ doll은 사람 형상을 한 인형을 나타내고, stuffed animal은 속에 솜을 채운 동물 모양 봉제 인형을 나타냅니다.

7 **I need to buy gifts to stuff in the Christmas stockings.**
(벽난로에 걸어 놓는) 크리스마스 양말에 넣을 자잘한 선물들 좀 사야 해.

---

stuff의 이런저런 것들, 어떤 물질로 속을 채우다는 의미가 확장되면 음식을 많이 먹어 [1]배가 부르다, 동물을 박제하다, 만두소를 넣다는 뜻으로까지 넓어지게 돼요. 빈속, 사체, 만두 안을 꽉꽉 채우는 느낌이 들지요. 또 막연한 어떤 것이 아닌 [2]특정 분야를 말할 때도 쓰입니다.

```
          (어떤)것, 물건, 속을 채우다

     ↙                              ↘
(음식에) 소를 넣다, 박제하다,              특정 전문 분야
  잔뜩 먹어 배부르다
```

(음식에) 소를 넣다/박제하다/잔뜩 먹어 배부르다

1 I'm stuffing pot stickers/dumplings.
나 만두에 소를 넣고 있어.

2 A stuffed animal head on the wall is called a trophy.
벽에 걸어 놓는 박제된 동물 머리를 트로피라고 부른다.

3

I ate too much. I'm stuffed.
나 너무 많이 먹었어. 배불러.

특정 전문 분야 (주로 know one's stuff의 형태로)

1

She knows her stuff.
그 사람 자기 분야 전문가야.

2 When it comes to banking, he knows his stuff.
은행 업무에 관해서라면 그 사람이 꽉 잡고 있어.

3 My doctor seems to really know her stuff.
내 담당 의사가 자기 분야에는 빠삭한 것 같더라.

4 Don't worry. I know my stuff.
걱정 마. 이건 내가 전문이야.

LESSON 15

It was an **honest** mistake.

MP3 033

UNTIL NOW (X)　그건 정직한 실수였어.

FROM NOW (O)　**그건 (의도치 않은) 단순한 실수였어.**

honest

정직한/솔직한

BASIC MEANING

1 She's honest.
그 사람은 정직해.

2 Please be honest with me.
나한테 솔직하게 말해 줘.

3 I'm being honest with you.
나 지금 너한테 솔직하게 말하고 있는 거야.

4 Give me your honest opinion.
솔직한 네 의견을 말해 줘.

5 Be honest rather than clever.
똑똑하기보다는 정직한 사람이 돼라.

정직하고 솔직하다는 말은 ¹계획적이지 않고 ²숨기는 게 없는의 의미죠. 그러니 당연히 떳떳하고, 그렇기 때문에 ³믿을 수 있는의 뜻도 됩니다. honest는 사람뿐 아니라 믿을 수 있는 물건, 음식, 방식 등에도 두루 쓰여요.

정직한, 솔직한

계획적이지 않은 　｜　 떳떳한, 숨기는 게 없는 　｜　 믿을 수 있는

확장 **1**　계획적이지 않은

1 It was an honest mistake.
그건 (의도치 않은) 단순한 실수였어.

2 Everyone makes honest mistakes sometimes.
누구나 가끔 의도치 않게 실수할 때가 있지.

떳떳한/숨기는 게 없는

1 He makes an honest living.
   그 사람 떳떳하게 일해서 돈 벌어.

2 I live by honest labor.
   나 떳떳하게 일해서 먹고 살아.

3

We need an honest wage for
an honest day's work.
열심히 일한 만큼 떳떳한 보수를 받아야지.

확장 **3** 믿을 수 있는

1 This company makes good, honest food.
   이 회사에서 만드는 제품은 맛있고, 믿고 먹을 수 있어.

2
This restaurant serves good, honest food.
이 식당은 맛있고 믿을 수 있는 재료로 만든 음식을 내.

He's **solid**.

MP3 **034**

UNTIL NOW (X)   그 사람은 고체야.

FROM NOW (O)   **그 사람 믿음직한 사람이야.**

---

solid
고체/고체로 된

BASIC MEANING

1 Ice is solid. 얼음은 고체다.

2 My dog doesn't like solid dog food. He only
likes wet dog food.
우리 개는 고체 사료 안 좋아해. 습식 사료만 좋아해.

3 I can't digest anything solid.
난 딱딱한 음식은 소화를 못 시켜.

고체의 단단한 느낌에서 의미를 확장해 [1]튼튼하고 확실하고 안정된의 뜻으로도 사용됩니다.
이것이 사람에게 쓰이면 [2]믿을 수 있는의 의미가 되겠죠. 또한 시간상으로 보면 일정 기간
동안 [3]끊임없이 계속되는의 뜻이 됩니다.

> ### 고체(의), 고체로 된

튼튼한, 확실한, 안정된	믿을 수 있는	(시간상) 끊임없이 계속되는

확장 **1**   튼튼한/확실한/안정된

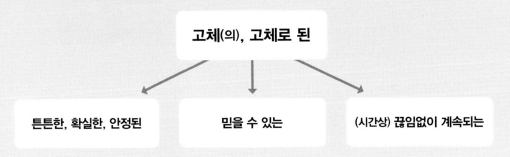

[1]

This table is very solid.
What's it made of?
이 탁자 되게 튼튼하다. 뭘로 만든 거야?

2 I made a solid plan for my life.
나는 내 인생 계획을 확실하게 세워 놨어.

3

I made a solid decision.
나 결심 확실하게 섰어.

4 Your presentation was clear and solid.
네 프레젠테이션, 깔끔하고 흔들림이 없더라.

5 Our school has been receiving solid support from our alumni.
우리 학교는 졸업생들로부터 탄탄한 지원을 받고 있다.

6 Our company has a solid partnership with Apple.
자사는 애플사와 안정된 파트너십을 유지하고 있습니다.

7 My lawyer's defense was solid.
내 변호사가 변호 한번 확실하게 하더라.

8 The defense on our volleyball team is solid.
우리 배구팀은 수비가 안정됐어.

9 The police said they have solid evidence.
경찰이 자기네한테 확실한 증거가 있다고 하더라고.

확장 2 믿을 수 있는

1 He's solid. You can trust him.
그 사람은 믿을 수 있어. 믿어도 돼.

2 I wouldn't trust her. She's not solid.
나 같으면 그 사람 안 믿어. 믿을 만한 사람이 아니야.

확장 3 끊임없는/계속되는

1 It rained for a solid three hours. 세 시간 동안 내내 비 왔어.

2

It's been snowing for a solid four hours.
네 시간째 계속 눈이 오고 있어.

3 I practiced baseball for two solid hours.
나 두 시간 꽉 채워서 야구 연습을 했어.

I'm so **attached** to my mom.

MP3 035

UNTIL NOW (X) 난 엄마한테 붙여져 있어.

FROM NOW (O) **난 엄마한테 애착이 많아.**

attach
붙이다

BASIC MEANING

1 There was a note attached to the package.
소포에 메모가 붙어 있던데.

2 Did you attach an address tag to your luggage? 너 여행 가방에 주소 태그 붙였어?

3 The price tag is still attached to your shirt.
네 셔츠에 아직도 가격표가 붙어 있어.

4 The parking garage is attached to the building. 건물에 차고가 붙어 있어.
  ▶ 한 건물에 별도의 건물이 붙어 있는 경우에도 attach를 씁니다.

5 The two buildings are attached by a bridge on the second floor.
두 건물이 이층에 놓인 다리로 서로 연결되어 있어.

6 My car key is attached to my keychain.
내 차 열쇠, 열쇠고리에 걸려 있어.

벽에 메모지를 붙이려면 끈끈한 접착제가 필요합니다. 이 접착력에 초점을 맞춰 attach를 확장하면 특정한 대상에게 **¹애착을 가지다**의 뜻이 됩니다. 우리말로도 '조건을 붙이다'라고 하는데, 영어에서도 어떤 일에 **²조건이 따라붙다**는 의미로도 확장시킬 수 있고, 이메일 등에 필요한 자료를 **³첨부하다**는 뜻으로도 쓰입니다.

붙이다

애착을 갖다 | 조건이 따라붙다 | (파일 등을) 첨부하다

애착을 갖다 (be attached to의 형태로)

1 I'm so attached to my mom.
난 엄마한테 애착이 많아.

2 I'm not that attached to my parents.
난 부모님에 대한 애착이 별로 없어.

3 My dog is strongly attached to his stuffed animal.
He takes it wherever he goes.
우리 개가 자기 동물 인형에 애착이 너무 강해서 어디를 가든 물고 다녀.

4 She is deeply attached to her job.
그 사람은 자기 일에 애착이 강해.

조건이 따라붙다

1 It sounds like a good deal, but there are strings attached.
혹하게 들리기는 한데 조건이 따라붙지.

▶ strings attached는 '조건이 따르는'의 뜻으로, No strings attached.는 '아무 조건 없이'로
회화에서 굉장히 많이 쓰입니다.

2
I'll fix lunch and dinner today. No strings
attached.
아무 조건 없이 내가 오늘 점심, 저녁 다 할게.

3 Their price for Internet service is too good to be true.
There must be strings attached.
인터넷 사용료가 비현실적으로 싼데. 분명 무슨 조건이 붙어 있을 거야.

(파일 등을) 첨부하다

1 I attached the file to the e-mail.
내가 이메일에 파일 첨부했어.

2 I attached some pictures to the e-mail.
이메일에 사진 좀 첨부했어.

3 Please check the attached file.
첨부 파일 확인 바랍니다.

4 Please attach a copy of your birth certificate to the application
form.
지원서에 출생증명서 사본을 첨부해 주시기 바랍니다.

I **attract** mosquitos.

MP3 036

UNTIL NOW (X)   나는 모기들을 유혹해.

FROM NOW (O)   **모기들이 나만 물어.**

attract
유혹하다

BASIC MEANING

1 She attracts men.
   그 여자한테는 남자들이 꼬여. (← 그 여자는 남자들을 유혹해.)

2 I was attracted to her.
   그 여자한테 끌리더라.

유혹한다는 건 매력을 발산해서 ¹관심을 끄는(attractive) 것입니다. 하지만 관심을 끄는 주체가 사람에게만 한정되는 건 아니에요. 관심을 끄는 장소로 확장되어 ²관광지(attraction)의 뜻으로도 활용되고, 동식물이나 사물이 ³특정 자극에 이끌리는 습성 역시 확장된 의미 안에 포함됩니다.

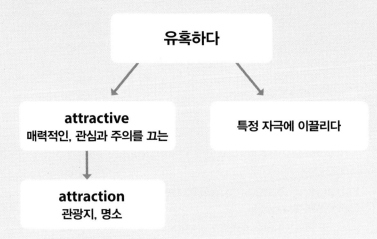

유혹하다

attractive
매력적인, 관심과 주의를 끄는

특정 자극에 이끌리다

attraction
관광지, 명소

확장 1   매력적인/관심과 주의를 끄는 (attractive의 형태로)

1 She's very attractive.
   그 여자 되게 매력적이야.

2 His personality is attractive.
   그 사람 성격이 매력적이야.

3

You have an attractive smile.
넌 웃는 게 매력 있어.

4 Mexican food doesn't sound that attractive tonight.
오늘 저녁엔 멕시코 음식이 별로 안 당겨.

5 That's an attractive offer.
끌리는 제안이네.

6 Paris sounds very attractive to me.
난 파리(에 가면) 너무 좋을 것 같아.

7 Marriage doesn't sound that attractive to me.
난 결혼엔 별로 관심 없어.

확장 2 관광지 (attraction의 형태로)

1 The Eiffel Tower is a world-famous tourist attraction.
에펠탑은 세계적으로 유명한 관광 명소이다.

2 What's the No. 1 attraction in New York?
뉴욕에서 제일 유명한 관광지가 어디예요?/제일 먼저 가 봐야 할 데가 어디예요?

3 Are there any attractions nearby?
근처에 가 볼 만한 데가 있나요?

확장 3 (특정 자극에) 이끌리다

1 Squid are attracted to bright lights.
오징어들은 밝은 불빛에 모여든다.

2 Magnets attract iron.
자석은 철을 끌어당긴다.

3 I attract mosquitoes.
나한테 모기가 꼬여/모기가 나만 물어.

4 Blood in the water attracts sharks.
상어는 물에 퍼진 피 냄새를 맡고 온다.

5 Honey attracts bees and bears.
꿀은 벌과 곰을 끌어들인다.

6 TikTok attracts young users.
젊은 유저들이 틱톡으로 많이 몰린다.

LESSON 19

I like the floor **plan**.

UNTIL NOW (X)   난 그 마루 계획이 마음에 들어.

FROM NOW (O)   **난 평면도가 마음에 들어.**

plan

계획(을 세우다)

BASIC MEANING

1 Do you have any plans for this afternoon?
오늘 오후에 뭐 할 거 있어?

2 I have no plans for the weekend.
주말에 나 아무 계획 없어.

3 What's your plan today?
오늘 네 계획은 뭐야?

4 We should plan for summer break.
우리 여름 방학에 뭐 할 건지 계획 세워야지.

5 There's a change of plan.
계획에 변동이 생겼어.

6 You have it all planned out.
너는 다 계획이 있구나.

계획을 세운다는 건 의도한 결과가 나오도록 사전에 준비한다는 뜻이어서 ¹미리 짜다, 일부러 의도하다, 전략이라는 의미로 확장시킬 수 있습니다. 내키지 않는 일은 계획도 하지 않 듯이 부정어와 함께 쓰이면 ²~할 마음이 전혀 없다의 의미로도 활용됩니다. 미리 계획해서 이루려는 결과가 무엇이냐, 계획의 종류가 어떤 것이냐에 따라 공간이나 건축물의 ³도안, 설계 혹은 사회 제도의 뜻으로도 넓힐 수 있습니다.

계획(을 세우다)

| 미리 짜다, 일부러 의도하다 | have no plan to ~할 마음이 없다 | 도안, 설계, 사회 제도 |

확장 **1**   미리 짜다/일부러 의도하다/전략

1 This can't be. They planned it.
이건 말이 안 돼. 쟤네가 짠 거야.

2 I didn't plan it. It just happened that way.
내가 짠 거 아니야. 그냥 일이 그렇게 됐어.

3

The presentation was very well-planned.
프레젠테이션 되게 잘 짰다.

4 We need a good game plan to win this game.
이 경기 이기려면 전략을 잘 짜야 해.

확장 2 ～할 마음이 없다 (have no plan to의 형태로)

1 I have no plan to see her again.
그 사람 다시 볼 마음 전혀 없어.

2 I have no plan to retire any time soon.
난 조만간 은퇴할 생각 조금도 없어.

3 I have no plan to take back my ex.
난 이미 헤어진 사람 다시 받아 줄 마음 전혀 없어.

확장 3 도안/설계/사회 제도

1

I like the floor plan.
(집/건물) 평면도가 마음에 든다.

▶ 실제 회화에서는 이 문장을 '집 구조가 마음에 든다'는
의미로 자주 씁니다.

2 Singapore is a well-planned city.
싱가폴은 설계가 엄청 잘된 도시야.

3 The country has the best national health insurance plan.
국민 의료 보험 제도는 그 나라가 세계 제일이야.

4 Our company provides a good retirement plan.
우리 회사는 연금 제도가 잘 되어 있어.

Would you be **straight** with me?

MP3 038

UNTIL NOW (X)   나랑 똑바로 있어 줄래?

FROM NOW (O)   **나한테 솔직히 얘기해 줄래?**

straight
직선(의)/똑바로

BASIC MEANING

1 I have straight hair. 내 머리 직모야.

2 Keep going straight and turn right at the light.
계속 쭉 가시다가 신호등에서 우회전하세요.

3 Is my tie straight?
내 넥타이 똑바로 매어졌어?

4 Sit up straight.
등 쫙 펴고 앉아/똑바로 앉아.

굽지 않고 직선으로 쭉 뻗은 모양이 주는 느낌처럼 straight는 ¹반듯하고 올바른, 혹은 ²솔직한의 의미로 확장이 가능합니다. 또 기존의 연애관에서 벗어나지 않고 쭉 간다는 의미에서 ³이성애자를 뜻하기도 해요.

직선의, 똑바로

반듯하고 올바른   솔직한   이성애자

확장 **1**   반듯한/올바른

1 He's straight and narrow.
그 사람 되게 반듯한 사람이야.

▶ **straight and narrow** 정도(正道)를 걷는

2 Their mom keeps them on the straight and narrow.
걔네 엄마가 애들을 반듯하게 잘 키우네.

3

You're mad and not thinking straight.

네가 화나서 이성적으로 생각을 못 하고 있어.

4 I can't think straight at the moment.

지금 당장은 이성적으로 생각을 못 하겠어.

확장 2 솔직한

1 Would you be straight with me?

저한테 솔직히 말씀해 주시겠어요?

2 I'll be straight with you. I'm seeing your boyfriend.

솔직히 말할게. 나 네 남자 친구랑 만나고 있어.

확장 3 이성애자(인)

1 She's straight.

그 사람 이성애자야.

2 Is he gay or straight?

그 남자 게이야, 이성애자야?

3 He wears makeup, but he's straight.

그 남자 화장은 하는데 이성애자야.

PLUS **straightforward** 솔직한/직설적인/보이는 그대로인/간단한/쉬운

❶ My teacher is straightforward. 우리 선생님은 솔직한 분이야.

❷ She's not straightforward. You can never guess what she thinks.

그 사람은 보이는 게 다가 아니야. 그 사람이 진짜 무슨 생각을 하는지 절대 모른다니까.

❸ The instructions for assembling this bookshelf are straightforward.

설명서 대로만 따라 하면 쉽게 이 책꽂이를 조립할 수 있습니다.

His talk show **draws** lots of people.

MP3 039

UNTIL NOW (X)   그 사람 토크쇼에서는 사람들을 많이 그려.

FROM NOW (O)   **그 사람 토크쇼는 인기가 많아.**

draw
끌다

BASIC MEANING

1   The ox is drawing the wagon.
황소가 수레를 끌고 있어.

2   She drew her chair closer to the table.
그 사람이 자기 의자를 탁자 가까이로 끌었다.

draw의 원래 뜻은 끌다입니다. 연필심을 끌어서 선을 연결하고 형체를 완성한다는 의미에서 **¹그림을 그리다**라는 뜻으로 확장된 것인데 오직 '그리다'라는 뜻으로만 알고 있는 경우가 많습니다. 뭔가를 질질 끌고 가면 사람들이 저게 뭔가 하고 관심을 보이겠죠? 그래서 사람들의 **²관심을 끌다**, **³자원을 끌어오다**는 의미도 포함됩니다. 이 외에도 상자에서 번호를 끌어내는 **⁴추첨**, 주사기로 몸에서 피를 끌어내는 채혈 등 draw는 확장의 범위가 넓은 단어예요.

```
                          끌다

그림을 그리다    관심을 끌다    자원을 끌어오다    추첨, 채혈 등
```

확장 **1**   그림을 그리다

1
Did you draw this? It's awesome!
이거 네가 그린 거야? 너무 잘 그렸다!

2 I'm not good at drawing people.
난 사람을 잘 못 그려.

3 We used to draw a line on our school desks to separate the space between two students.
옛날에는 학교 책상에 금 그어 놓고 네 쪽 내 쪽 구분했는데.

확장 2 관심을 끌다

1 His talk show draws lots of people.
그 사람이 진행하는 토크쇼는 인기가 많아.

2
Honey draws bees.
꿀에는 벌들이 꼬여.

3 Her performance drew people's attention.
그 사람 공연에 사람들이 관심을 많이 가졌어.

4 K-drama writers try hard to draw the viewer's attention.
한국 드라마 작가들은 시청자들의 관심을 끌려고 애를 많이 써.

확장 3 자원을 끌어오다

1 In the old days, people drew drinking water from wells.
옛날에는 우물에서 식수를 길어 왔지.

2 I'm over 60 so I can draw my pension right away.
나 이제 60이 넘었으니까 바로 연금 끌어다 쓸 수 있어. (= 연금을 받을 수 있어.)

확장 4 draw의 기타 용법

1 The nurse drew my blood.
간호사가 내 피 뽑아갔어. (피를 몸에서 끌어내는 거라서 draw)

2 There are drawbridges in St. Petersburg.
상트페테르부르크에는 도개교(양쪽으로 들어 올려지는 다리)가 있어.
(양쪽에서 끌어 올려지는 다리라서 drawbridge)

3 They drew winning lottery numbers.
그 사람들이 복권 당첨 번호를 뽑았어. (당첨 번호를 끌어내는 거라서 draw)

4 It is a 3-3 draw.
3 대 3 동점이야. (어느 쪽으로 휘지 않게 팽팽하게 끌어당기는 거라서 draw)

This shampoo did the **trick** for me.

MP3 040

UNTIL NOW (X)   이 샴푸가 나를 속였네.

FROM NOW (O)   **난 이 샴푸 쓰고 효과 봤어.**

trick
속이다/속임수

BASIC MEANING

1 You tricked me. 내가 너한테 속아 넘어갔네.

2 What a dirty trick. 그렇게 비열한 수를 쓰다니.

3 She falls for my tricks every time.
   걔는 나한테 매번 속아.

4 My son tried to trick me into buying him a new
   phone. 우리 아들이 나한테 새 핸드폰 얻어내려고 수를 썼더라고.

5 You can't fool me with your tricks.
   네가 그런다고 내가 속아 넘어가진 않지.

6 It's so easy to trick my dog. If I pretend to
   throw a toy, he runs for it.
   우리 개는 쉽게 속아. 내가 장난감 던지는 척만 하면 그쪽으로 달려가.

trick은 누군가를 속일 때 쓰는 속임수를 의미합니다. 사람들이 속아 넘어가게 하려면 눈속임과 재주, 묘기가 필요합니다. 그래서 trick은 [1]재주, 묘기, 눈속임으로 의미가 확장되기도 하지요. 그렇게 수를 써서 사람이 속아 넘어가면 속이는 사람 입장에서는 효과를 본 거죠? 그래서 [2]효과를 보거나 문제를 해결하는 것 역시 trick의 영역 안에 들어갑니다.

속이다, 속임수

재주, 묘기, 눈속임   효과를 보다, 해결하다

재주/묘기/눈속임

1 It's cruel to force animals to do tricks for the circus.
서커스 공연 때문에 동물들한테 억지로 재주를 부리게 하는 건 잔인한 짓이야.

2 I know lots of card tricks.
나는 카드 묘기(카드로 부리는 눈속임)를 많이 알아.

3 The magician is not using magic. It's just tricks.
마술사들이 보여 주는 건 마술이 아니라 그냥 눈속임이야.

4

This painting really tricks my eyes. It looks like there's a hole on the wall.
이 그림에 진짜 속아 넘어가겠다.
벽에 진짜로 구멍이 뚫린 것처럼 보여.

5 Which is heavier? One kilogram of feathers or one kilogram of gold? It's a trick question.
깃털 1킬로그램이랑 금 1킬로그램 중 어떤 게 더 무거울까? 교묘한 속임수 질문이야.

▶ The answer is they both weigh one kilogram. 정답은 둘 다 1킬로그램이다.

확장 **2** 효과를 보다/해결하다 (do the trick의 형태로)

1

This shampoo did the trick for me.
I stopped losing hair.
난 이 샴푸 쓰고 효과 봤어. 머리가 안 빠지더라고.

2 Double-sided tape should do the trick.
양면 테이프 쓰면 해결될걸.

3 A pinch of salt will do the trick.
소금 한 꼬집 넣으면 해결될 거야. (맛이 확 좋아질 거야.)

CHAPTER
3

오해해서 미안!
거창한 뜻인 줄만 알았어.

I **claimed** the last cookie.

MP3 041

UNTIL NOW (X) 나는 마지막 쿠키에 클레임을 걸었다.

FROM NOW (O) **쿠키 하나 남은 거 내가 찜했다.**

claim

**주장하다/
이의를 제기하다**

BASIC MEANING

1 The villagers claimed that the fertilizer company is responsible for the water pollution.
동네 사람들은 비료 공장 때문에 수질이 오염됐다고 주장했다.

2 The fertilizer company claimed that the water pollution is not their responsibility.
비료 공장은 수질 오염이 자기네 책임은 아니라고 이의를 제기했다.

claim은 주장하다, 이의를 제기하다의 뜻이에요. 흔히 claim을 '클레임을 걸다'처럼 ¹손해배상 청구와 관련해서 생각하기 쉽지만, 손해배상 청구라는 것도 결국 내 소유물에 대한 권리와 보상을 받기 위한 조치이잖아요. 그래서 claim에는 ²소유권의 의미가 포함됩니다. 내가 주인이라는 것을 확실히 한다는 뜻에서 ³찜하다, 차지하다는 의미로도 확장이 가능해요.

주장하다,
이의를 제기하다

(손해배상 등을) 청구하다   소유권/주인/소유를 주장하다   찜하다, 차지하다

확장 **1** (손해배상 등을) 청구하다 (file a claim의 형태로)

1 She filed a claim against her employer.
그 사람 자기 고용주 상대로 손해배상을 청구했어.

2 I filed a claim for damage to my car.
내 차에 손상이 생겨서 손해배상을 청구했어.

3 I filed a claim for my lost luggage.
내 짐 분실에 대해 손해배상을 청구했어.

⁴ We submitted a claim to our insurance company for water damage.
누수로 집이 망가져서 보험사에 청구했어.

확장 2 소유권/주인/소유를 주장하다

¹ Where's baggage claim?
(공항) 수하물/가방 찾는 곳이 어디예요?

² Here's your claim check. Keep it safe.
물품 보관증 여기 있습니다. 잘 보관하세요.

³ If no one claims the money in 20 days, it goes to the finder.
20일 안에 돈 주인이 나타나지 않으면 그 돈은 돈을 찾은 사람한테 가.

⁴
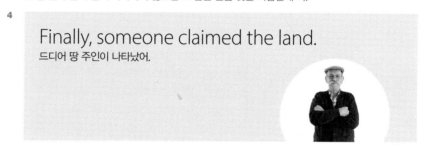

Finally, someone claimed the land.
드디어 땅 주인이 나타났어.

⁵ Three people won the lottery this week, but no one has claimed the prizes.
이번 주에 세 명이 복권에 당첨됐는데 당첨자 중 아직 아무도 안 나타났어.

⁶ The store clerk found a car key, but no one claimed it.
가게 직원이 자동차 열쇠를 발견했는데 주인이 안 나타났어.

⁷ A young lady claimed the lost jacket at the theater.
극장에서 한 젊은 여성이 자기가 잃어버린 거라며 자켓을 가져갔어.

확장 3 찜하다/차지하다

¹

I claimed the last cookie.
쿠키 하나 남은 거 내 거다/내가 찜했다.

² Sit in the back. Your sister claimed the passenger seat.
뒤에 앉아. 조수석은 누나가 미리 찜해 놨어.

³ Hurry! We have to take the best spot before someone else claims it.
빨리 와! 누가 먼저 차지하기 전에 제일 좋은 자리 맡아야 한단 말이야.

I **bombed** my final exams.

MP3 **042**

UNTIL NOW (X)   나 기말고사를 폭파시켰어.

FROM NOW (O)   **나 기말고사 완전히 망쳤어.**

bomb
폭탄/폭격하다

BASIC MEANING

1 The U.S. dropped an atomic bomb on Hiroshima in 1945.
1945년에 미국이 히로시마에 원자폭탄을 투하했다.

2 A time bomb is ticking. 시한 폭탄이 가동됐어.

3 The demonstrators are throwing smoke bombs at the police.
시위대가 경찰을 향해 최루탄을 던지고 있다.

4 Some terrorists are suicide bombers.
테러리스트들 중에는 자살 폭파범들도 있다.

5 Our dog is covered with fleas. We should use a flea bomb.
우리 개 몸에 벼룩이 너무 많아. 벼룩 폭탄(집에 터뜨려서 벼룩을 박멸하는 제품)을 써야겠어.

bomb은 폭탄을 퍼붓듯 정신 못 차리게 ¹말이나 행동 등을 쏟아붓다는 의미로 확장됩니다. 폭탄이 터진 자리는 참으로 처참하죠. 거기서 무엇을 ²심하게 망치다는 뜻으로도 넓힐 수 있어요. 젊은 층에서는 정관사 the와 함께 슬랭으로 ³끝내주는 것의 뜻으로도 쓰입니다.

폭탄, 폭격하다

말이나 행동 등을 쏟아붓다   망치다, 망침   **the bomb 끝내주는 것**

확장 **1**   말이나 행동 등을 쏟아붓다 (bomb 앞에 관련 단어가 위치)

1 The restaurant owner f-bombs her customers, but they all like it.
식당 주인이 손님들한테 육두문자를 날리는데 손님들이 그걸 또 좋아해.

▶ **f-bomb** f로 시작하는 욕을 날리다

2 My boss email bombed me on the weekend.
직장 상사가 주말에 이메일을 엄청 많이 보냈다니까.

3

He text-bombed me.
걔한테서 문자가 엄청 많이 왔어.

확장 **2** 망치다/망침

1 I bombed my final exams.
나 기말고사 완전 망쳤어.

2 He bombed the job interview.
그 사람 취업 면접 완전 망쳤어.

3 The new movie bombed at the box office.
그 신작 영화는 흥행에 완전 실패했어.

4 The concert was a bomb.
콘서트는 진짜 거지같았어.

5 My brother always photobombs me.
남동생이 (사진 찍을 때 끼어들어서) 항상 사진을 망쳐 놔.

확장 **3** 끝내주는 것 (the bomb의 형태로)

1

The new restaurant is the bomb.
새로 문 연 식당 대박이다.

2 The food was the bomb.
음식 진짜 맛있었어.

3 She's the bomb.
걔 진짜 예뻐/죽여줘.

4 The party was the bomb.
파티가 끝내주게 재밌었어.

5 Their new song is the bomb.
걔네들 신곡 진짜 좋아.

Make sure everybody is **involved**.

MP3 043

involve
관련하다/연루하다

BASIC MEANING

1 He's involved in crime.
그 사람 범죄에 연루됐어.

2 She's involved in a lawsuit.
그 사람 소송에 얽혔어.

3 A large number of people are involved in the bribery scandal.
많은 사람들이 뇌물 수수에 연루됐다.

4 I didn't call the police because I didn't want to get involved.
난 연루되고 싶지 않아서 경찰에 신고 안 했어.

5 He's not the kind of guy you want to get involved with.
그 사람, 엮여서 좋을 거 하나 없는 사람이야.

involve는 주로 수동태로 많이 쓰입니다. 어떤 일에 연루된다는 건 그 일에 참여한 것으로 볼 수 있어서 **1**참여하다의 의미로 확장됩니다. 안 좋은 일에 연루되면 일이 복잡하게 꼬일 수도 있지만, 긍정적으로 참여한 입장에서는 그 일에 흥미가 생겨 깊이 빠질 수 있잖아요. 그래서 **2**복잡한, 그리고 **3**깊이 빠지다의 뜻도 있습니다. 관련시키는 게 사람뿐 아니라 조건이 될 수도 있는데, 이때는 **4**조건을 수반하다는 의미로까지 확장됩니다.

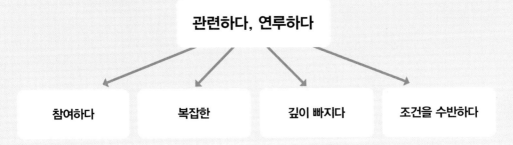

관련하다, 연루하다

| 참여하다 | 복잡한 | 깊이 빠지다 | 조건을 수반하다 |

참여하다

1

I want my son to get involved in sports.
He sits at home all day.
난 우리 아들이 운동 좀 하고 그러면 좋겠어.
하루 종일 집에만 앉아 있어.

2 I joined the tennis club, but I never really got involved.
테니스부에 들기는 했는데 활동은 그다지 열심히 안 했어.

3 Make sure everybody is involved.
모두 참여하도록 해 주세요.

확장 **2** 복잡한

1 The plot of the movie was too involved. I couldn't understand it at all.
그 영화는 줄거리가 너무 복잡하더라. 뭔 얘긴지 하나도 이해를 못했어.

2 He gave me a long, involved explanation.
그 사람, 설명을 길고 복잡하게 하더라고.

확장 **3** 깊이 빠지다

1 She's so self-involved.
걔는 자아도취가 심해.

2 She's so involved in her career. I don't see her getting married.
걔 자기 일에 푹 빠져 있잖아. 걔 결혼 안 할 것 같아.

3 He's a very involved father.
그 사람 자기 자식한테 엄청 잘 해/좋은 아빠야.

확장 **4** 조건을 수반하다

1 My job involves a lot of travelling.
내 직업은 출장을 많이 가는 직업이야.

2

Writing a thesis involves lots of reading.
논문을 쓰려면 많이 읽어야 해.

He was really **engaged** in the conversation.

MP3 044

UNTIL NOW (X)	그 사람은 대화 나누다가 정말로 약혼했어.
FROM NOW (O)	**그 사람, 대화에 굉장히 적극적이더라.**

engage
약혼하다

BASIC MEANING

1 We got engaged.
우리 약혼했어.

2 I'm engaged to my boyfriend.
나 남친이랑 약혼했어.

남녀가 약혼을 하면서 두 사람 인생에는 접점이 생기게 됩니다. 접점이 생기려면 서로 [1] 주의나 관심을 끌어서 관계를 맺어야 하고, 공통의 관심사를 나누면서 서로의 일에 [2] 참여하기도 해야 합니다. 이렇게 engage의 뜻이 확장됩니다.

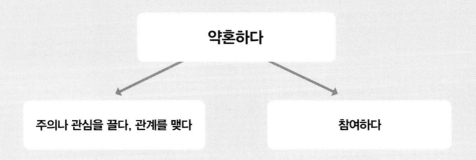

약혼하다

주의나 관심을 끌다, 관계를 맺다   참여하다

확장 **1**   주의나 관심을 끌다/관계를 맺다

1 The new TV show didn't engage my interest.
새로 시작한 TV쇼, 나는 별 흥미를 못 느끼겠던데.

2 The TV show host tried to engage the audience.
TV쇼 진행자가 관중들의 흥미를 끌려고 애썼다.

³

She knows how to engage with old people.
그 사람은 나이 많은 분들과 어울리는 법을 알아.

⁴ I found it hard to engage with big city life.
대도시 생활에 적응하는 게 쉽지 않았어.

확장 2 참여하다

¹ We try to engage our kids in conversation at the dinner table.
저녁 먹을 때 우리는 아이들도 대화에 참여시키려고 해요. (아이들과 대화하려고 노력해요.)

²

He's too shy to engage in conversation.
그 사람은 너무 수줍음이 많아서 대화에 잘 못 껴.

³ He was really engaged in the conversation.
그 사람 대화에 굉장히 적극적이더라.

⁴ I have no time to engage in community meetings.
나 반상회에 참석할 시간이 없어.

⁵ I have no intention of engaging in gossip.
소문에 말려들고 싶은 생각은 전혀 없어.

⁶ My parents are deeply engaged in politics.
우리 부모님은 (관심이 많아서) 정치에 관여를 많이 하셔.

⁷ She's not engaged in any school activities.
걔는 학교 활동에 전혀 참여를 안 해.

⁸ My teacher tried to engage her students during class.
우리 선생님은 수업 중에 학생들이 참여하도록 애쓰셨어.

I **adjusted** to my new job right away.

MP3 045

UNTIL NOW (X)   나, 새로 간 직장을 바로 조절했어.

FROM NOW (O)   **나, 새로 간 직장에 바로 적응했어.**

adjust
조절하다/조절되다

BASIC MEANING

1. The seatbelt was too tight, so I adjusted it.
   안전벨트가 너무 꽉 조여서 좀 조절했어. (= 늘렸어)

2. The iris adjusts depending on the amount of light.
   빛의 양에 따라 홍채가 조절된다.

3. He adjusted his tie before the job interview.
   그 사람 면접 보기 전에 넥타이를 조절했다. (= 다시 잘 고쳐 맸다)

4. You can adjust the height of that chair.
   그 의자 높낮이 조절돼.

5. I adjusted the heater to the right temperature.
   히터를 적절한 온도로 조절했어. (= 맞춰 놨어)

6. I need to adjust the rearview mirror before I start the car.
   시동 걸기 전에 후방 미러 방향을 잘 조절해야 해.

이미 고정되어 있는 것을 조절하는 이유는 사용하기 더 적절한 상태로 만들기 위해서입니다. 그래서 adjust는 ¹맞추다, 절충하다의 의미로 확장이 가능합니다. 또한 새로운 환경이나 상황에 ²적응하다는 뜻으로도 넓혀서 생각할 수 있어요.

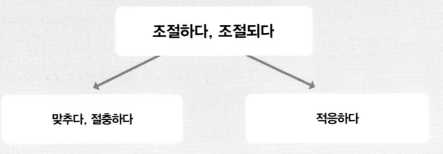

조절하다, 조절되다

맞추다, 절충하다 → 적응하다

확장 **1**   맞추다/절충하다

1. We want to sell our house, but we need to adjust the price.
   집을 팔고 싶긴 한데 가격 절충을 좀 해야겠어요.

2 The company and the workers' union are trying to adjust their demands.

회사와 노동조합이 요구 조건을 절충하려 노력하고 있다.

3

He adjusted his opinion when he read the new study.

그 사람, 새 연구 결과를 읽더니 생각이 바뀌었어.

4 There's room for adjustment.

절충 가능해요.

▶ **room for** ~에 대한 여지

확장 **2** 적응하다

1 I adjusted to my new job right away.

나 새로 간 직장에 바로 적응했어.

2 My son had a hard time adjusting to his new school.

우리 아들이 새로 전학 간 학교에 적응을 잘 못해서 고생 좀 했어.

3 Adjusting to a new environment is not easy.

새로운 환경에 적응하는 건 쉬운 일이 아니야.

4 It took years for my family to adjust to life in Tanzania.

우리 식구들이 탄자니아 생활에 익숙해지는 데는 몇 년 걸렸어.

5

My body adjusted to the new workout routine.

새로 시작한 운동 루틴에 내 몸이 적응됐어.

6 My eyes slowly adjusted to the dark.

내 눈이 서서히 어둠에 적응됐어.

7 We're adjusting to our new lifestyle as parents.

(아이가 생겨서) 부모로서 새로운 생활방식에 적응 중이에요.

This recipe is **foolproof**.

MP3 046

UNTIL NOW (X)	이 조리법은 바보임을 증명한다.
FROM NOW (O)	**이 조리법은 (너무 쉬워서) 바보도 따라 할 수 있다.**

proof
증거/증명

BASIC MEANING

1 I'm sure he stole my money, but I have no proof. 걔가 내 돈 훔쳐간 건 분명한데 증거가 없네.

2 You should always keep your receipts as proof of purchase. 구입했다는 증거로 영수증을 잘 보관해야 해.

3 He's living proof of the importance of education.
그 사람이야말로 교육의 중요성을 보여주는 산 증인이야.

뭔가를 증명하기 위해서는 가시적인 증거를 제시하기도 하고, 테스트를 통해 입증하기도 합니다. 특히 안전에 관한 것일 경우 더욱 그렇습니다. 무엇으로부터 안전하다, 보호할 수 있음을 입증한다는 의미로 확장되어 proof가 ¹방지, 무엇으로부터 보호가 됨의 뜻이 되는데 요, 이때는 접미사로 쓰입니다. 즉, 다른 단어 뒤에 붙어 그 의미를 더하게 됩니다.

증거, 증명

↓

방지, 무엇으로부터 보호가 됨

확장 **1** 방지/무엇으로부터 보호가 됨 (단어+proof의 형태로)

1 A waterproof phone case might be a good idea for the water park.
워터 파크 가려면 핸드폰 방수 케이스 가져가는 게 좋겠다. (← 물로부터 보호가 됨)

2 The walls in this building are soundproof.
이 건물 벽은 방음 처리되어 있다. (← 소리나 소음으로부터 보호가 됨)

3 I have sweaty armpits, so I only wear sweatproof shirts.
난 겨드랑이에 땀이 많이 나서 땀 흘림 방지 셔츠만 입어. (← 땀으로부터 보호가 됨)

4 I love this eyeliner. It's smudgeproof.

나 이 아이라이너 너무 좋아. 번지지를 않아. (←얼룩, 번짐이 방지됨)

▸ **smudge** 자국, 얼룩, 번짐

5

Aren't bulletproof jackets heavy?

방탄 조끼 입으면 무겁지 않나?
(← 총알로부터 보호가 됨)

6 Cars have childproof locks on the rear doors.

차 뒷문에는 아이들이 문을 열 수 없도록 안전장치가 되어 있다. (← 아이들이 위험하지 않도록 보호함)

7 Most cars these days are rustproof.

요새 나오는 차들 대부분은 녹막 처리가 되어 있다. (← 녹막 생성 방지)

8

This recipe is foolproof, even if you're not an experienced cook.

이 조리법은 바보도 따라 할 수 있을 정도로 쉬워.
요리 많이 안 해 봤어도 할 수 있어.
(← 바보가 되는 걸 방지)

9 This document safe is fireproof.

이 문서 보관함은 불에도 끄떡없다. (← 불로부터 보호가 됨)

10 That area gets lots of rain. We'd better bring rainproof jackets.

그 지역엔 비가 많이 와. 우리가 방수 재킷을 챙겨 가는 게 좋겠어.

I'll note it for **future** reference.

MP3 047

UNTIL NOW (X)   미래의 참고 자료로 노트에 적어 놓겠어.

FROM NOW (O)   **다음 번에 참고해야겠다.**

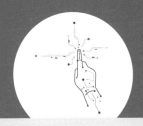

future
미래

BASIC MEANING

1 Nobody can predict the future.
아무도 미래를 예측할 수 없다.

2 No one knows what the future holds.
미래에 어떤 일이 일어날지는 아무도 모른다.

3 Some people worry about an uncertain future.
불확실한 미래를 걱정하는 사람들도 있다.

future를 너무 먼 미래로만 생각하면 활용 범위가 현저히 줄어듭니다. 가깝게는 **1**앞으로, 다음번에서 멀게는 **2**조만간, 먼 훗날까지 유연하게 범위를 조절할 수 있습니다. 우리말에 '미래가 있다/없다'는 '희망이 있다/없다'의 의미로 쓰이잖아요. 언어는 통하는지, 영어에서도 future가 있다/없다가 **3**희망이 있다/없다를 뜻하기도 합니다.

미래

다음번에, 다음의,
앞으로, 앞으로의

조만간, 먼 훗날에

have future
희망이 있다

확장 **1**   다음번에/다음의/앞으로/앞으로의

1 I'll note it for future reference.
(기억해 놨다가) 다음에 참고해야겠다.

2 Could you be more careful in the future?
다음번에는 좀 더 조심해 줄래?

3 We can plan better for future events.
다음번 행사는 우리가 좀 더 잘 계획할 수 있어.

4 Working with robots and AI won't be unusual for future generations.

다음 세대들에게는 로봇이나 인공지능과 함께 일하는 게 낯선 일이 아닐 거야.

5 Coding is a potential future job for me.

내가 나중에 코딩을 직업으로 삼을 수도 있어.

6 I hope I can be a useful person in the future.

내가 앞으로 쓸모 있는 사람이 되면 좋겠어.

7 Subscribe to watch future videos.

(유튜브 채널 등에서) 앞으로 올라올 영상들을 보시려면 구독해 주세요.

확장 **2** 조만간(near future)/먼 훗날(distant future)

1 We plan on getting married in the near future.

우리 조만간 결혼할 생각이야.

2

In the distant future, it might be possible to live on Mars.

먼 훗날엔 화성에서 살 수 있을지도 모르지.

3 In the not-too-distant future, our kids will leave to college.

머지않아 아이들이 대학 간다고 집을 떠날 거야.

확장 **3** 희망이 있다/없다 (have future의 형태로)

1 We have no future together.

우린 오래 못 가. (← 우리는 함께한다는 희망이 없다.)

2 My parents' generation had a future, but not my generation.

우리 부모님 세대에는 희망이 있었지만 우리 세대는 아니야.

3

There's no future in the newspaper industry. People get their news from the Internet these days.

신문업계는 희망이 없어. 요새는 사람들이 뉴스를 인터넷으로 보잖아.

NEWS

She's **expecting** this month.

MP3 048

UNTIL NOW (X)   그녀는 이번 달을 기대하고 있어.

FROM NOW (O)   **그녀는 이번 달에 출산 예정이야.**

expect
기대하다

BASIC MEANING

1 What did you expect?
   도대체 뭘 기대했어?

2 What do you expect from me? 나한테 뭘 바래?

3 My parents expect a lot from me.
   우리 부모님은 나한테 기대가 크셔.

4 Don't expect too much. 너무 기대하지는 마.

뭔가를 기대한다는 건 앞으로 어떻게 될지 [1]예상하는 바가 있다는 것이고, 또 누군가의 연락이나 소식을 기다리는 것, 만나기로 한 사람을 [2]기다리는 것 역시 기대의 일종이라고 볼 수 있어요. 여기서 더 나아가 아기를 기다리는 것, 즉 [3]출산하다의 의미까지 확장됩니다.

확장 **1**   예상하다

1 We're expecting rain tomorrow.
   내일 비가 올 거야.

2 I didn't expect to see you here.
   여기서 널 만날 줄은 예상 못했어.

3

Gas prices are expected to go up.
가솔린 가격이 오를 것으로 예상돼.

4 As expected, Germany won a gold medal.
예상했던 대로 독일이 금메달을 땄다.

확장 2 (사람, 연락, 전화를) 기다리다

1

Are you expecting anyone?
(식당 종업원 등이)
더 오실 분 있으세요?/기다리는 분 있으세요?

2 We're expecting three more people.
(우리 말고) 세 명 더 올 거예요.

3 I'm expecting a call from my friend.
나 친구 전화 기다리고 있어.

4 Don't expect to hear from him.
그 사람 연락 기다리지 마.

5 He's probably expecting my email. I should write him back.
그 사람 아마 내 이메일 기다리고 있을 거야. 답신 써 줘야겠다.

확장 3 출산하다

1 She's expecting this month.
그 사람 이번 달에 출산 예정이야.

2 When are you expecting your second baby?
둘째 아이 출산 예정일이 언제예요?

I enjoyed your **company**.

MP3 049

UNTIL NOW (X)   나는 너희 회사를 즐겼다.

FROM NOW (O)   **너랑 같이 있어서 즐거웠어.**

company
회사

BASIC MEANING

1 I work at a publishing company.
전 출판사에서 일해요.

2 He owns a huge shipping company.
그 사람 대규모 운송업체 사장이야.

3 She set up a shell company to get a tax break.
그 사람, 세금 감면을 받으려고 유령 회사를 세웠어.

▸ **shell company** 자산이나 사업 활동이 없는 명의뿐인 회사
▸ **tax break** 세금 우대 조치

4 He set up a phony company to launder money.
그 사람 돈세탁하려고 가짜 회사를 차렸어.

▸ **phony company** 가짜 회사, 유령 회사
▸ **launder money** 돈세탁하다

회사에는 여러 사람이 있고 부서도 각각 나뉘어져 있습니다. 여기서 **¹**동료, 단체, 중대의 의미로 확장시킬 수 있는데요, 사람들이 함께 어우러져 있다는 뜻에서 **²**동행, 말동무, 같이 있어 주는 것의 의미로까지 넓혀서 활용할 수 있습니다.

회사 → 동료, 단체, 중대

회사 → 동행, 말동무, 같이 있어 주는 것

확장 1   동료·친구/단체/중대

1 I'm having company for dinner.
나 저녁 같이 먹을 사람(들) 있어.

2 I'm expecting company.
나 일행을 기다리고 있어.

3 She's excellent company.
개는 진짜 좋은 동료야.

4
My dog is good company.
우리 개는 좋은 친구야.

5 A company is a military unit of 80 to 250 soldiers.
중대는 군대의 단위로, 80명에서 250명 사이의 군인이 속해 있다.

확장 2 동행/말동무/같이 있어 주는 것

1
I enjoyed your company.
너랑 같이 있어서 즐거웠어.

▸ **enjoy one's company** ~와 같이 있는 게 즐겁다

2 I always enjoy his company.
난 걔랑 같이 있으면 항상 즐거워.

3 Thank you for keeping me company.
나랑 말동무해 줘서 고마워.

▸ **keep somebody company** ~ 옆에 있어 주다

4 She kept me company for weeks.
걔가 몇 주 동안이나 나랑 같이 있어 줬어.

5 I don't need friends. My cats keep me company.
난 친구 필요 없어. 우리 고양이들이 내 옆에 있는데 뭐.

6 A girl named Alice kept me company on my trip from New York to Boston.
나 뉴욕에서 보스턴까지 여행 갔을 때 앨리스라는 애가 동행했어.

My boss took all the **credit**.

MP3 **050**

UNTIL NOW (X)	직장 상사가 크레딧 카드를 싹 다 걷어갔어.
FROM NOW (O)	**직장 상사가 (자기 혼자 일을 다 한 것처럼) 공을 다 가져갔어.**

credit
신용

BASIC MEANING

1 **I have good credit.** 난 신용이 좋아.

2 **What's the credit limit on your Visa card?**
네 비자카드 신용 한도액이 얼마야?

3 **You need good credit to get a loan.**
대출받으려면 신용이 좋아야 해.

4 **Cash or credit?** 현금으로 내시겠어요, 신용카드로 내시겠어요?

▶ 상점에서는 card를 뺀 credit이 신용카드를 의미하기도 해요.

5 **Credit or debit?** 신용카드로 내시겠어요, 직불카드로 내시겠어요?

▶ **debit** 우리나라의 체크카드가 영어로는 **debit card**예요.

6 **You have a $50 store credit.**
적립금 50달러 있으세요. (신용 거래로 쌓인 적립금을 의미)

경제 생활에서 신용을 쌓는 것은 정말로 중요합니다. 은행 입장에서는 신용이 높은 사람일수록 더 믿음이 가겠죠. 상대방에게 믿음을 주고 신용을 높인다는 것은 **¹**공을 쌓는 것과도 비슷합니다. 동사 get, take와 함께 쓰이면 그런 공을 인정받다는 뜻이 됩니다. 여기서 조금 더 확장해서 열심히 공부해서 얻은 **²**학점, 그리고 **³**영화 제작 등에 힘을 보태는 작업 등의 의미로도 쓰입니다.

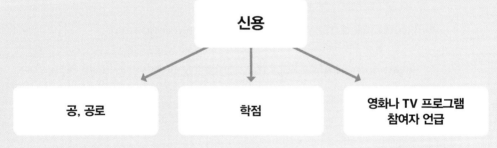

확장 **1** 공/공로

1 **I didn't get any credit. My boss took all the credit.**
난 아무 공치사도 못 받았어. 직장 상사가 (자기 혼자 일을 다 한 것처럼) 그 공을 인정받았어.

▶ **get/take (the) credit** 공을 인정받다

2 Of course, we should give her full credit.
그 사람이 다 한 건데 당연히 공을 인정해 줘야지.

▶ **give someone credit** ~의 공을 인정하다

3 I fix three meals every day for you guys. Can I get some credit
for it? 내가 너희들 먹인다고 하루 세 끼씩 차려 내는데, 그것 좀 알아주면 안 되니?

4 We were three points shy of winning the game, but everyone
deserves credit for their efforts.
우리가 3점 차로 지기는 했지만 선수들 모두 열심히 뛴 공은 인정해 줘야 해.

5

She didn't want to take any credit for helping
her co-workers.
그 사람은 직장 동료들 도와주면서도 자기는 아무것도
한 게 없다는 식이야(도와준 티를 하나도 안 내).

확장 **2** 학점

1 I need 18 credits this semester.
나 이번 학기에 18학점 따야 해.

2 She didn't have enough credits to graduate.
걔 학점 부족해서 졸업 못 했어.

3 You can earn college credits in high school through the AP
program.
고등학교 때 AP(Advanced Placement) 수업 들으면 대학 학점을 미리 따 둘 수 있어.

▶ **AP(Advanced Placement)** 미국에서 고등학생이 대학 진학 전에 대학 인정 학점을
취득할 수 있는 고급 학습 과정

확장 **3** 영화나 TV 프로그램 참여자 언급

1 His name is missing from the ending credits.
그 사람 이름이 엔딩 크레딧에서 빠졌어.

2

I almost cried when I saw my name in the
ending credits.
엔딩 크레딧에서 내 이름 보고 나 울 뻔했어.

He **built** a great reputation.

MP3 051

UNTIL NOW (X)   그는 훌륭한 평판을 지었어.

FROM NOW (O)   **그 사람 평판이 아주 좋아.**

build

(건물을) 짓다/만들다

BASIC MEANING

1 This building was built in the early 1800s.
이 건물은 1800년대 초에 지어졌다.

2 Our house was built in 2000.
우리 집은 2000년에 지어졌어.

3 Birds are building a nest in our tree.
새들이 우리 나무에다 둥지를 짓고 있어.

4 Do you wanna build a snowman?
눈사람 만들래?

5 American houses have built-in closets.
미국 집들은 붙박이장이 있어.

집이나 건물을 지으려면 자재를 쌓아 올려야 하듯 build의 의미는 무엇을 쌓아서 그럴 듯한 형태로 완성하는 데 있으므로 [1](실력, 경험, 신용 등을) 쌓다, (평판을) 구축하다란 뜻으로 확대할 수 있어요. 쌓인다는 건 해소가 안 되거나 순환이 원활하지 않다는 의미도 있으므로, 무엇이 [2]한 곳에 쌓이다, 누적되다는 의미도 있지요. 또한 몸의 [3]골격으로 쓰어서 근육을 키우고 몸을 만들다는 뜻도 있습니다.

(건물을) 짓다, 만들다

(실력·경험·신용·평판 등을) 쌓다 | **한 곳에 쌓이다, 누적되다** | **골격·근육을 키우다**

확장 **1**   (실력·경험·신용·평판 등을) 쌓다

1 I need to build up my experience.
난 경험을 더 쌓아야 해.

2 If you want to get a loan, you need to build up your credit
score. 대출을 받고 싶으면 신용 점수를 높여야지.

3   We built a strong friendship over the years.
해를 거듭하면서 우리 우정이 돈독해졌어.

4   She needs to build up her confidence.
걔 자신감 좀 키워야 해.

5   He built a great reputation.
그 사람 평판이 아주 좋아. (← 그는 아주 괜찮은 평판을 쌓았어.)

6

It's important to build trust.
신뢰를 쌓는 게 중요하지.

확장 2   한 곳에 쌓이다/누적되다

1   Dust builds up on window frames.
창틀에 먼지가 쌓여.

2   Water keeps building up around the kitchen sink. I should clean it more often.
부엌 싱크대 주변에 계속 물이 고이네. 더 자주 닦아야겠어.

3   It's not good to build up anger.
화를 쌓아 두는 건 좋지 않아.

4   Stress at work keeps building up.
회사에서 스트레스가 자꾸 쌓이네.

확장 3   골격/근육을 키우다

1   He has a strong build.
그 사람 골격이 좋아. (= 몸이 좋아.)

2   She's 5-feet-2-inches tall and of slim build.
그 사람, 키 157cm에 몸매가 가늘가늘해.

3

Protein helps build muscle.
근육을 만들고 키우는 데 단백질이 도움이 돼.

He'll **make** a good husband.

MP3 **052**

UNTIL NOW (X)　　그는 좋은 남편을 만들 거야.

FROM NOW (O)　　**그는 좋은 남편이 될 거야.**

make
만들다/제조사 명

BASIC MEANING

1 He can make anything.
개는 뭐든 잘 만들어.

2 Can you make me a sandwich?
나 샌드위치 좀 만들어 줄래?

3 What's the make of this car? Chevy?
이 차 어느 회사에서 만든 거야? 쉐보레 거야?

▶ **Chevy** Chevrolet(쉐보레)의 애칭

없던 것을 만들어 내다란 의미에서 ¹지어내다, 꾸며내다는 뜻이 됩니다. 만들어 내려면 조건이 맞아야 하기에 ²조건에 부합하다, ³성과를 내다는 의미로도 쓰입니다.

만들다, 제조사 명

지어내다, 꾸며내다　　**조건에 부합하다**　　**성과를 내다**

확장 **1**　　지어내다/꾸며내다

1 Don't make it up.
말 지어내지 마라.

2 She's making up a story.
쟤가 얘기 지어내고 있는 거야.

3 Santa Claus is make-believe.
산타클로스는 허구야.

4 Was the movie a real story or made-up?
그 영화 실화야, 아니면 꾸며낸 얘기야?

조건에 부합하다

1 He'll make a good husband.
그 사람 좋은 남편이 될 거야. (← 좋은 남편이 될 조건에 부합할 거야.)

2 Succulents make good houseplants.
다육이들은 집에서 키우기 좋은 식물이야.

3 Dogs make good friends.
개들은 좋은 친구가 되어 주지.

확장 **3** 성과를 내다 (make it의 형태로)

1 I didn't make it into Stanford.
나 스탠포드 대학 떨어졌어.

2 You made it.
네가 해냈구나.

확장 **4** make의 기타 용법

1 She makes me mad. 걔가 날 화나게 해.

▸ **make someone 형용사** ～를 형용사의 상태가 되게 하다

2 Let's make it happen. 한 번 해 보자.

3 Let me make myself clear. 내 입장/생각을 확실히 해 둘게.

4 You should make your bed every morning.
아침마다 네 침대 정리는 해야지.

▸ **make one's bed** 잠자리를 정돈하다

5 Make sure you back up your files. 파일 확실하게 백업해 둬.

▸ **make sure** ～을 확실히 하다

6 It doesn't make any difference. 다를 게 하나도 없잖아.

▸ **make a difference** 차이점이 있다

7 I'm sorry I forgot your birthday. I'll make it up to you.
네 생일 까먹어서 미안. 내가 어떻게든 보상할게.

▸ **make it up to** ～에게 보상하다

8 You need a job. You have to make a living.
직장을 잡아야지. 먹고는 살아야 할 거 아냐.

▸ **make a living** 생계를 꾸리다

9 People make mistakes.
사람은 누구나 실수하게 마련이야.

My mom is **managing** well since my dad passed away.

MP3 053

UNTIL NOW (X)	아빠 돌아가시고 엄마가 운영을 잘하고 계셔.
FROM NOW (O)	**아빠 돌아가시고 나서 (감정 관리를 하며) 엄마가 잘 버티고 계셔.**

manage
관리하다/운영하다

BASIC MEANING

1 My dad manages a packaging company.
우리 아빠는 포장업체를 운영하셔.

2 Managing a sports team is not a joke.
운동 팀 관리하는 거, 그거 장난 아니야.

3 This is a well-managed restaurant.
이 식당은 관리가 잘 돼.

4 People think I manage a huge farm, but, in fact, it's just a small vegetable patch.
사람들은 내가 되게 큰 농장을 운영한다고 생각하는데 실상은 그냥 작은 채소밭이야.

사업을 운영하는 것 외에 **¹**돈, 시간, 감정 등도 관리와 운영이 필요합니다. 관리·운영의 과정에서 **²**처리하고, 감당해야 할 일들도 생기고 힘들어도 어떻게든 **³**가까스로 꾸려 가야 하는 상황도 생기는데, 이 모든 경우의 수가 manage의 확장된 의미에 포함됩니다.

(사업체 등을) 관리하다, 운영하다

돈·시간·감정 등을 관리하다 | **처리하다, 감당하다, 버티다** | **가까스로 ~하다**

확장 1 돈·시간·감정 등을 관리하다

1 My husband manages my salary.
내 월급은 남편이 관리해.

2 How do you manage stress?
넌 스트레스 관리 어떻게 해?

3 I need to learn how to manage my time.
난 시간 관리하는 법을 좀 배워야 해.

4 I don't think I can manage time for the movie this weekend.
이번 주말에 영화 보러 갈 시간 없을 것 같아.

처리하다/감당하다/버티다

1 I don't think you can manage all this work on your own.
너 혼자서는 이 일 다 감당 못할 것 같아.

2 Don't worry about me. I'll manage.
내 걱정은 하지 마. 내가 알아서 할게.

3 My mom is managing well since my dad passed away.
아빠 돌아가신 후로 엄마가 잘 버티고 계셔.

4 I don't know how you manage on five hours of sleep a night.
난 네가 밤에 다섯 시간밖에 안 자고도 어떻게 버티는지 모르겠다.

5

Can you manage getting to the airport with all this luggage?
너 이 짐 다 들고 공항까지 갈 수 있겠어?

6 Our manager knows how to manage difficult customers.
우리 매니저는 까다로운 고객들 다루는 법을 알아.

7 I can't manage little kids. I wouldn't make a good teacher.
난 어린애들은 감당이 안 돼. 아마 좋은 선생님은 못 될 거야.

8 How will I manage with my husband gone?
남편 없는 동안 난 어떻게 지내지?

확장 3 가까스로 ~하다

1 A koala managed to survive the fire.
코알라 한 마리가 불길에서 간신히 살아남았어.

2 I don't remember how I managed to run away from the chaos.
내가 그 난리통에서 어떻게 간신히 빠져나왔는지 기억도 안 나.

3 I managed my grades just enough to graduate college.
대학 졸업할 정도로만 간신히 학점을 유지했어.

He sent me an **advance**.

MP3 054

UNTIL NOW (X)   그 사람이 나에게 발전된 걸 보냈어.

FROM NOW (O)   **그 사람이 나한테 선금을 보냈어.**

advance
발전(하다)/발달(하다)

BASIC MEANING

1 Medical technology has advanced rapidly.
의료 기술이 빠른 속도로 발전했어.

2 We are living in an advanced world.
우리는 발전된 세상에 살고 있어.

3 The Internet in the country is advanced.
그 나라는 인터넷이 발달해 있어.

4 The new model of smartphone has advanced features. 신형 스마트폰에 (전보다) 더 발달된 기능들이 있어.

5 I took some advanced classes in high school. 고등학생 때 상급반 수업을 몇 개 들었어.

▶ **advanced** 선진의, 고급의

발전하고 발달했다는 건 다른 부류보다 앞서간다는 뜻이므로 [1]사전의, 앞서서, 미리라는 의미로 확장됩니다. 여기서 일을 착수하기 전 미리 지급되는 [2]선금의 뜻으로도 넓혀서 생각할 수 있어요.

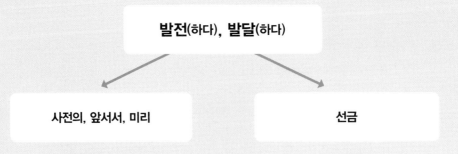

발전(하다), 발달(하다)

사전의, 앞서서, 미리

선금

확장 **1** 사전의/앞서서/미리(in advance의 형태로)

1 Did you give everyone advance notice?
모두에게 사전 통보 다 했어?

2 Thank you for the advance notice.
사전에 알려 줘서 고마워.

3 Thank you in advance.
(도와준다고 하니) 미리 고마워/잘 부탁해.

4 We better plan our trip in advance.
여행 계획 미리 짜 놓는 게 좋겠어.

5 Making reservations in advance is highly recommended.
미리 예약하실 것을 강력히 추천합니다.

6

We booked a camp site three months in advance.
캠핑 장소는 세 달 전에 미리 예약했어.

7 It's a good idea to finish the project in advance so we'll have time to go over it.
우리가 다시 한 번 훑어볼 수 있게 프로젝트를 미리 끝내 놓는 건 좋은 생각이야.

8 The interviewer gave me the questions in advance so I could prepare.
인터뷰 진행자가 내가 준비할 수 있게 질문지를 미리 줬어.

9 I paid for the ticket in advance.
나 그 티켓 선불로 샀어.

10 I got a month paycheck in advance.
나 한 달 월급 선불로 받았어.

확장 **2**   선금

1

He sent me an advance.
그 사람이 나한테 선금을 보냈어.

2 The screenwriter was paid a $300,000 advance for the movie.
그 영화 시나리오 작가가 선불로 삼십만 달러를 받았어.

3 The company offered an advance of £3,000 after the signing of the contract.
그 회사는 계약 후 선금으로 3,000파운드를 제공했다.

You should **respect** other people's property.

MP3 055

UNTIL NOW (X)	다른 사람들의 부동산을 존경해야지.
FROM NOW (O)	**다른 사람들 물건은 조심해서 다뤄야지.**

respect
존경(하다)

BASIC MEANING

1 **I respect my boss.**
난 우리 직장 상사가 존경스러워.

2 **She was respected by her local community.**
그 사람, 자기가 살던 지역에서 존경받는 사람이었어.

3 **I have great respect for my grandma.**
난 우리 할머니 엄청 존경해.

4 **I have no respect for politicians.**
난 정치인들 하나도 존경 안 해.

5 **I lost my respect for the writer.**
난 그 작가에 대한 존경심을 잃었어. (= 더 이상 존경 안 해.)

누군가를 존경하면 그 사람의 견해 등을 ¹존중하는 마음이 생기고 깍듯하게 예의를 지키게 됩니다. 하지만 그 사람의 모든 면이 아닌 어떤 단면만 존경하는 일도 가능하기 때문에 ²사항, 측면이라는 의미로도 확장이 가능합니다. 견해가 아니라 법률이나 원칙을 존중하는 마음으로 확장되면 ³준수하다의 뜻이 된다는 것도 알아두세요.

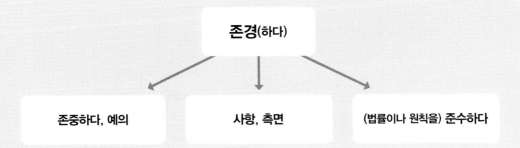

존경(하다)

존중하다, 예의 | 사항, 측면 | (법률이나 원칙을) 준수하다

확장 **1** 존중하다/예의

1 **I respect his views.**
난 그 사람 견해를 존중해.

2 **She doesn't respect my opinion at all.**
걘 내 의견을 1도 존중 안 해.

3 Please respect my privacy.

제 사생활 좀 존중해 주세요.

4 The company should treat their workers with respect.

회사가 사원들을 존중해 줘야지.

5 You should respect other people's property.

다른 사람 물건은 조심히 다뤄야지.

▶ property는 부동산, 재산 이외에 소유주가 분명한 물건에도 쓰입니다.

6 Young people these days have a lack of respect for the elderly.

요새 젊은 사람들은 연장자에 대한 예의가 부족해.

▶ 노인, 어르신을 지칭할 때 old person, old man이라고 하면 무례하게 들릴 수 있으니 elderly 혹은 senior citizen이라고 하는 게 좋습니다.

7 He doesn't show any respect to his teacher during class.

걔는 수업 시간에 선생님께 예의 없게 굴어.

확장 **2** 사항/측면

1 In many respects, the original movie is way better than the remake.

여러 면에서 원작 영화가 리메이크보다 훨씬 나아.

2

My dad was very self-centered, and I'm just like him in that respect.

우리 아빠가 되게 자기중심적인 사람이었는데 그런 점에선 나도 아빠랑 똑같아.

3 In some respects, it's better for you to break up with him.

어떤 측면에서는 네가 걔랑 헤어지는 편이 더 나아.

확장 **3** (법률이나 원칙을) 준수하다

1 Some students don't respect school rules.

교칙을 안 지키는 학생들이 있어.

2 We all need to respect the law.

우리 모두 법을 준수해야 해.

3 The new president promised to respect the constitution.

새 대통령은 헌법을 준수하겠다고 약속했다.

I'm **debating** between Tom and Mike.

MP3 056

UNTIL NOW (X)   나는 톰과 마이크 사이에서 논쟁 중이야.

FROM NOW (O)   **난 톰이랑 마이크 둘 중 누구를 택할지 고민 중이야.**

debate
논쟁(하다)/토론(하다)

BASIC MEANING

1 I watched the presidential debate last night.
어젯밤에 대선 토론 봤어.

2 The public debate today will be focused on drug abuse.
오늘 공개 토론의 주제는 약물 남용에 초점을 맞출 것이다.

3 The debate over illegal aliens has been going on for decades.
불법 이민자들에 관한 논쟁이 수십 년 간 지속되고 있다.

4 Listening to people debate wears me out.
사람들 논쟁하는 거 듣고 있자면 내가 지쳐.

5 A little chat at the dining table sparked a hot debate.
저녁 먹으면서 가볍게 주고받던 얘기가 뜨거운 논쟁으로 번졌어.

  ▸ **spark** 촉발시키다

6 Whether the sponsor for the TV show influenced the plot was highly debated.
그 TV쇼 후원사가 내용에까지 관여했느냐에 대한 논쟁이 뜨거웠지.

의견이 다른 두 파트가 논쟁, 토론을 한다고 할 때, 꼭 사람 대 사람이 아닐 수도 있습니다. 혼자 마음속으로 이렇게 할까, 저렇게 할까 결정을 내리기 전에 [1]갈등, 고민하는 것 역시 debate의 확장된 의미로 쓰입니다.

> 논쟁(하다), 토론(하다)
>
> ↓
>
> 갈등하다, 고민하다

갈등하다/고민하다

1 I'm debating between Tom and Mike.
난 톰이랑 마이크 둘 중 누구를 택할지 고민 중이야.

2
Give me a sec. I'm debating between steak and pasta.
잠깐만. 나 스테이크 먹을지 파스타 먹을지 생각 중이야.

3 We're debating whether we should go to Hawaii or the Bahamas for our honeymoon.
우리 신혼여행으로 하와이에 갈지 바하마에 갈지 고민 중이야.

4 He's debating whether to take the job.
그 사람 (취직된) 그 회사에 갈지 말지 생각 중이야.

▸ **take the job** 취직된 회사에 가다/일을 맡다

5 She's still debating with herself.
걔 아직도 갈등 때리고 있어.

▸ **debate with oneself** 숙고하다, 결정을 위해 혼자 고심하다

6
I'm debating how I'm going to bring this up to her.
걔한테 이 얘기를 어떻게 꺼낼지 고민 중이야.

▸ **bring something up** 화제를 꺼내다

7 I'm debating what I'll say when I see him again.
나 그 사람을 다시 만나면 뭐라고 말할지 생각 중이야.

I'm **afraid** for my kids.

MP3 057

UNTIL NOW (X)	나는 우리 아이들을 위해 두렵다.
FROM NOW (O)	난 우리 아이들이 잘못될까 봐 걱정돼.

afraid
두려워하는, 무서워하는

BASIC MEANING

1 He got bitten by a dog when he was little, so he's afraid of dogs.
개가 어렸을 때 개한테 물린 적이 있어서 개를 무서워해.

2 My husband is afraid of flying, so we drove to New York.
남편이 비행기 타는 걸 무서워해서 우리, 뉴욕까지 운전해서 갔어.

3 Don't be afraid to say no.
거절하는 걸 두려워하지 마.

4 Don't be afraid to say what you really think.
겁내지 말고 진짜 네 생각을 말해.

afraid에는 원초적으로 두려운 감정 외에 상대방이 잘못되거나 혹은 자신이 원치 않는 결과 (상처나 고통 등)를 얻게 될까 싶은 [1]걱정, 혹은 피치 못할 상황에 대한 [2]착잡함, 안타까움, 유감까지 포함되어 의미 확장의 범위가 넓어집니다. 참고로, 두려운 대상일 때는 뒤에 of가, 걱정이나 안타까움의 대상일 때는 뒤에 for가 옵니다.

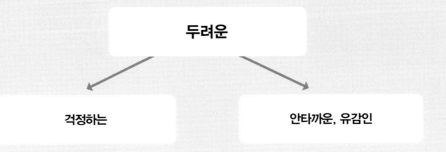

두려운

걱정하는   안타까운, 유감인

확장 1 걱정하는

1 I'm afraid for my kids.
난 우리 애들이 (잘못될까 봐) 걱정돼.

2 My dad is afraid I'll end up like him.
우리 아빠는 내가 아빠처럼 될까 봐 걱정이셔.

3 She's afraid that she might hurt her boyfriend if she breaks up with him.

걔는 자기가 헤어지자고 하면 남친한테 상처 줄까 봐 그게 걱정이야.

4

I was afraid that I'd miss my flight.

난 비행기 놓칠까 봐 걱정했어.

5 I'm afraid I'll lose my mom.

난 엄마가 돌아가실까 봐 걱정이야.

확장 **2** 안타까운/유감인

1 I'm afraid I won't make it to your birthday party.

네 생일 파티에 못 갈 것 같아서 참 안타깝네.

2

I'm afraid the picnic is cancelled.

소풍이 취소돼서 안타깝다.

3 I'm afraid I don't agree with you.

네 말에 동의 못 해서 유감이야.

4 I'm afraid so.

(상대방 말에 그렇다고 하며) 안타깝게도 그렇습니다.

5 I'm afraid not.

(상대방 말을 부정하며) 유감스럽지만 아닙니다.

CHAPTER
4

무시해서 미안!
쉬운 뜻인 줄만 알았어.

She **dry** texts me.

MP3 058

UNTIL NOW (X)	걔는 나에게 마른 문자를 보내.
FROM NOW (O)	**걔는 나한테 문자를 단답형으로 보내/성의 없게 보내.**

dry
건조한/마른

BASIC MEANING

1 Today is sunny and dry.
오늘 해가 쨍쨍하네.

2 We're having a dry winter.
올 겨울은 건조하군.

3 He keeps dry coughing.
걔 계속 마른 기침해.

4 My skin is getting dry.
피부가 건조해져.

5 I heard that Finns love dry saunas.
나는 핀란드 사람들이 건식 사우나를 굉장히 좋아한다고 들었어.

물기 없이 마른 상태를 사람과의 소통에 적용시키면 사람이 **¹무뚝뚝한**, 대화가 무미건조한, 답장 등에 성의 없는으로 의미 확대가 가능합니다. 또 술에 절어 살던 사람이 (몸에 술이 마르게 되니) 알코올 중독을 치료하고 **²술을 완전히 끊다**는 뜻으로도 활용할 수 있습니다.

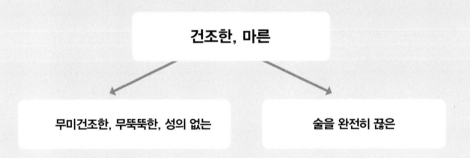

확장 1 (대화가) **무미건조한**/(사람이) **무뚝뚝한**/(문자·답장이) **성의 없는**(dry text의 형태로)

1 I didn't want to talk, so I kept the conversation dry.
나 말하기 싫어서 계속 무미건조하게 대화했어.

2 The conversation was very dry.
대화가 참 무미건조했어.

3

He's very dry.
그 사람 되게 무뚝뚝해.

4 "Yes," "No," "OK," and "lol" are examples of dry texting.
"응", "아니", "알았어", "ㅋㅋ" 이런 것들이 성의 없는 문자야.

5 She dry texts me.
걘 나한테 문자를 단답형으로 (성의 없게) 보내.

6 I know he's not into me by his dry texts.
문자 성의 없이 보내는 걸 보면 걔는 나한테 관심 없어.

7 Don't you think dry texting is rude?
단답형 문자 보내는 거 예의 없어 보이지 않니?

확장 2 술을 완전히 끊은

1

My dad used to drink a lot, but he's dry now.
우리 아빠가 전에는 술 엄청 마셨는데 지금은 끊으셨어.

2 She was in rehab for months to get dry.
그 사람 알코올 중독 치료하려고 중독 치료 센터에 몇 달 있었어.

▶ **rehab** (마약·알코올) 중독 치료 (시설)

Would you **walk** me through?

MP3 059

UNTIL NOW (X)   저를 통과해서 걸어 주시겠어요?

FROM NOW (O)   **차근차근 설명해 주시겠어요?**

walk
걷다/걷기

BASIC MEANING

1   My work is within a ten-minute walk.
도보 10분 거리에 내 직장이 있어.

2   His parents' house is within walking distance. 걸어갈 수 있는 거리에 그 사람 부모님 댁이 있어.

3   My baby can walk alone without any help.
우리 아기는 아무 도움 없이 혼자 걸을 수 있어.

물리적으로 다리를 움직여 걷다는 의미를 확장시켜서 동물 등을 [1]산책시키다, 누군가를 데려다 주다의 의미로 쓰일 수 있습니다. 또 상대방과 함께 보폭을 맞추어 걷는 것처럼 [2]차근차근 설명해 주고 이해를 돕다란 의미로도 쓰입니다. 그 밖에 걷는 장소나 상황에 따른 심리 상태를 반영한 표현 등으로도 다양하게 쓰입니다.

걷다, 걷기

**산책(시키다),
누군가를 데려다주다**

**walk through
차근차근 알려 주다**

확장 **1**   산책(시키다)/누군가를 데려다주다

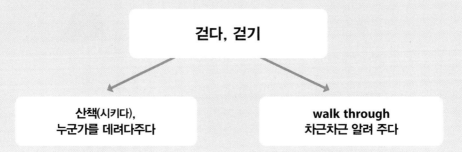

1

Do you want to go for a walk?
산책 갈래?

2 Do you walk your dog every day?
너희 개 매일 산책시켜?

3 He used to walk her home.
그는 그녀를 집까지 바래다주곤 했다.

4 I'll walk you to school.
내가 너 학교까지 바래다줄게.

확장 2 차근차근 알려 주다 (walk through의 형태로)

1 Would you walk me through installing a dishwasher?
식기세척기 설치하는 법 좀 차근차근 설명해 주시겠어요?

2 No worries. I'll walk you through it.
걱정하지 마세요. 제가 잘 설명해 드릴게요.

3 Thank you for walking me through it.
자세히 설명해 주셔서 감사합니다.

확장 3 walk의 기타 용법

1 My husband is on the edge. It's like walking on eggshells at home.
남편이 예민해져 있어서 집 분위기가 살얼음판이야.

▶ **walk on eggshells** 눈치 보다, 매우 조심스럽게 행동하다

2 I got my dream job. I'm walking on air now.
나, 원하던 직장에 취직됐어. 지금 날아갈 것 같아.

▶ **walk on air** 기뻐 하늘을 날 것 같다

3 My boss walks all over me all the time.
직장 상사가 항상 나를 막 대해.

▶ **walk all over someone** ~를 함부로 대하다

4 Just walk it off.
그냥 훌훌 털어 버려.

▶ **walk it off** 안 좋은 일을 잊다, 훌훌 털어 버리다

5
You broke another coffee mug?
You're a walking disaster.
커피잔을 또 깼어? 넌 사고뭉치구나.

▶ **walking disaster** 사고뭉치

Trot is back in **swing**.

MP3 060

UNTIL NOW (X)	트로트가 다시 그네를 탄다.
FROM NOW (O)	**트로트가 예전 인기를 되찾았다.**

swing
그네

BASIC MEANING

We bought a swing set for our kids.
우리 아이들 타라고 그네를 샀어.

그네는 **¹**흔들거리며 뒤로 갔다가 다시 앞으로 돌아오기 때문에 **²**원상태로 회복하다는 의미로 넓혀 볼 수 있습니다. 그네가 왔다갔다 하는 것처럼 **³**오가며 들르다의 의미도 있고, 또 힘차게 흔들리다 보면 맨 꼭대기까지 올라가기 때문에 **⁴**전성기의 뜻으로도 확장됩니다. 고정되어 있지 않고 흔들리는 그네 자체의 모습에서 **⁵**여유가 있다, 가능성이 있다는 의미도 돼요.

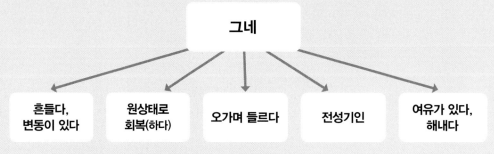

그네

- 흔들다, 변동이 있다
- 원상태로 회복(하다)
- 오가며 들르다
- 전성기인
- 여유가 있다, 해내다

확장 **1** 흔들다/흔들림/변동이 있다/변화

1 She swings her arms a lot when she walks.
걔는 걸을 때 팔을 많이 흔들어.

2 My mom has mood swings all the time.
우리 엄마는 항상 기분이 왔다갔다 해.

▶ **have mood swings** 감정기복이 있다

3 The housing market is swinging up and down.
주택 시장이 올랐다 내렸다 변동이 심해.

4 There was a sudden swing in his decision.
그 사람이 갑자기 결정을 바꿨어.

확장 2 원상태로 회복(하다)

1 Business is back in swing at our restaurant.
우리 식당 장사가 원상태로 회복됐어.

2 The economy swung back to normal.
경제가 다시 정상으로 돌아왔어.

3 Trot is back in swing. 트로트가 예전 인기를 되찾았어.

확장 3 오가며 들르다 (swing by의 형태로)

1 Can I swing by your house today?
오늘 너네 집에 잠깐 들러도 될까?

2 I'll swing by to drop off your dinner after work.
일 끝나고 저녁 갖다 주러 잠깐 들를게.

3 My husband swung by the store on his way home and saved me a trip.
남편이 집에 오는 길에 가게에 들렀다 와서 내가 또 안 나가도 됐어.

확장 4 전성기인/활발한 시기인 (in full swing의 형태로)

1 The party is in full swing. 파티가 한창이야.

2

Summer is in full swing.
한여름이네.

3 Now her business is in full swing. 그 사람 사업이 지금 전성기야.

확장 5 여유가 있다/해내다 (swing it의 형태로)

1 I can't swing a new car at this moment.
지금 당장은 새 차 살 여유가 없어.

2 We managed to swing it to pay our son's college tuition.
우리는 가까스로 아들 대학 학비는 대줬어.

▶ **swing it** 해내다

3 I have tons of work to do but I can swing it.
할 일이 태산 같지만 그래도 가능은 해.

It was a nice **move**.

MP3 061

UNTIL NOW (X)   이사 한 번 잘했네.

FROM NOW (O)   **결정 잘했어.**

move
움직이다/이사하다

BASIC MEANING

1 We moved to the countryside. 우리 시골로 이사했어.

2 I couldn't manage to pay the rent, so I moved in with my parents.
월세 낼 형편이 안 돼서 부모님 댁으로 들어가서 살아.

3 She moved away about a month ago.
그 사람 한 달 전쯤 이사 나갔어.

4 Can you move the chair? 의자 좀 치워 줄래?

5 You're hogging up the bed. Move over.
너 혼자 침대를 다 차지하고 있잖아. 옆으로 좀 가 봐.

▶ **hog up** 독차지하다

물건이나 몸을 움직이는 것 외에 상황이 움직일 수도 있잖아요. 상황이 움직인다는 측면에서 move는 ¹일의 진행을 의미하기도 하고, 상황을 보고 생각이 움직인다는 측면에서는 ²결정, 조치를 의미하기도 합니다. 이사하여 주거지를 옮기듯 ³장소 변경, 시간 변경의 뜻으로 확장시킬 수도 있어요.

움직이다, 이사하다

진행의 뉘앙스   결정, 조치   장소·시간 변경의 뉘앙스

확장 **1**   진행의 뉘앙스

1 The process is finally moving.
일이 드디어 진척되는구나.

2 I know it is upsetting, but now it's time to move on.
속상한 일인 건 알지만 이제 그만 털고 앞으로 나아가야지.

3 If there are no further questions, we'll move on to the next topic.

더 이상 질문 없으면 다음 주제로 넘어가겠습니다. (= 넘어가 진행하겠습니다.)

확장 **2** 결정/조치

1 Taking that job was a smart move for you.

그 직장에 나가기로 한 건 네가 아주 잘 결정한 거야.

2

Why did you turn down that job?
Bad move, man!

그 일을 왜 거절했어? 야, 왜 그딴 짓을!

3 I'm glad you gave him another chance. It was a nice move.

네가 그 사람한테 다시 한 번 기회를 줬다니 다행이네. 잘했다. (= 잘한 결정이야.)

4 Breaking up with him was a stupid move.

그 사람과 헤어진 건 바보같은 짓이었어.

5 I don't think selling your house now is a good move.

지금 너희 집을 파는 건 좋은 결정이 아닌 것 같은데.

확장 **3** 장소/시간 변경의 뉘앙스

1 It's getting hot. Let's move into the shade.

점점 더워진다. 그늘로 옮기자.

2 I moved my mom into a nursing home.

나, 우리 엄마 요양원에 보냈어.

3

Why don't we move the meeting
to Friday morning?

회의 시간을 금요일 아침으로 옮기죠?

4 Would you move my dental appointment to next week?

제 치과 예약을 다음 주로 옮길 수 있을까요?

She's just **playing** innocent.

MP3 **062**

UNTIL NOW (X)	걔가 그냥 순수하게 놀고 있는 거야.
FROM NOW (O)	**걔가 그냥 모르는 척하는 거야.**

play
놀다/놀이

BASIC MEANING

1 SLOW! CHILDREN AT PLAY.
(미국 부모들이 집 밖에 세워 놓는 표지판 어구) 자동차 속도 줄여 주세요! 아이들이 놀고 있어요.

2 The girls are playing house.
여자애들이 소꿉놀이를 하고 있어.

3 Don't play with your food. 음식 가지고 장난하지 마.

4 All the functions on a smartphone seem complicated, but all you need to do is play around with it.
스마트폰 기능들이 복잡한 것 같지만, 그냥 가지고 놀다 보면 다 알게 돼.

소꿉놀이, 병원놀이 등을 하려면 각자 역할을 맡아서 엄마인 척, 의사[1]인 척해야 합니다. 또 맨날 같은 역할만 하면 재미없죠. 역할을 바꾸게 되면 [2]상황도 바뀌게 됩니다. play는 이 외에도 다양한 의미로 확장되어 쓰입니다.

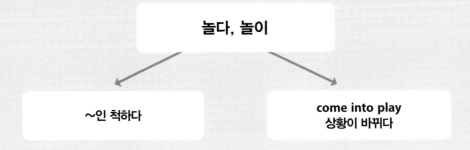

놀다, 놀이

~인 척하다

come into play
상황이 바뀌다

확장 1 ~인 척하다

1 Don't play dumb. 모르는 척하지 마/시치미 떼지 마.

▶ **play dumb** 모르는 척 시침 떼다

2 My dog plays possum and makes me laugh.
우리 개 죽은 척하는 거 진짜 웃겨.

▶ **play possum** 기절한 척하다

3 If you run into a bear in the woods, play dead.
숲에서 곰을 만나면 죽은 척해.

4 She knows you like her. She's just playing innocent.
걔, 네가 자기 좋아하는 거 다 알아. 그냥 모르는 척하는 거야.

확장 2 (어떤 이유로 인해) **상황이 바뀌다** (come into play의 형태로)

1 We were having a picnic, but the weather came into play.
피크닉 하는 중에 날씨가 나빠졌어.

▶ **come into play** ~이 개입되어 상황이 바뀌다

2 I was going to go hiking today, but the weather came into play.
오늘 등산 가려고 했는데 날씨가 안 좋아지더라.

3

Finally, luck came into play.
드디어 운이 따르는구나.

4 An important fact came into play right before the decision.
결정을 내리기 직전에 중요한 사실 하나가 개입돼 상황이 바뀌었다.

확장 3 play의 기타 용법

1 I know you're playing the race card, but I'm not a racist.
네가 인종차별 쪽으로 몰고 가는 거 아는데 난 인종차별주의자가 아니야.

▶ **play the ~ card** ~을 전술로 삼다

2 She always plays hard to get.
걔 (남자한테) 항상 비싸게 굴어/새침하게 굴어.

▶ **play hard to get** 비싸게 굴다

3 Let's play it by ear.
상황 봐서 되는대로 하자.

▶ **play it by ear** 그때그때 봐서 처리하다

4 You're going to make her angry. Stop playing with fire.
너 그러다 걔 화낸다. (일 크게 만들지 말고) 그만해라.

▶ **play with fire** 위험한 모험을 하다

I'll pay the **difference**.

MP3 063

UNTIL NOW (X)	차이점을 지불하겠습니다.
FROM NOW (O)	**차액은 지불하겠습니다.**

difference
차이점

BASIC MEANING

1   Marriage made a big difference in his life.
    결혼 전후로 그 사람 인생에 큰 변화가 있었지.

2   Indigo and deep blue. Same difference.
    남색이나 짙은 파란색이나. 그게 그거지.
    ▸ **Same difference.** 별로 다를 것 없어.

3   There's a subtle difference between the
    twins. 그 쌍둥이들은 차이점이 거의 없어.

4   What's the time difference between Paris and
    California? 파리하고 캘리포니아 시차가 얼마나 나지?

5   They failed to settle their differences and
    divorced. 걔네들, 서로의 다른 점을 포용하지 못하고 이혼했어.

6   A change of ownership at our company won't
    make a significant difference.
    회사 명의가 바뀐다고 크게 달라지거나 하지는 않을 겁니다.

두 대상의 차이점을 말할 때 그 대상이 돈이라면 두 금액 사이의 [1]액수 차, 차액을 의미하겠
지요. 또 차이점의 대상이 수학의 수라면 두 수의 차이, 즉 [2]빼기를 의미합니다.

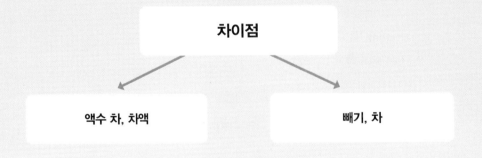

확장 **1**   액수 차/차액

1   I would like to exchange these items. I'll pay the difference.
    이 물건들 교환하고 싶은데요. 차액은 지불하겠습니다.

2 **The difference is $27. Do you want to pay in cash?**
  차액이 27달러네요. 현금으로 내시겠어요?

3 **Can I use my store credit to pay the difference?**
  제 적립금으로 차액을 내도 될까요?

4 **There's no price difference between the products.**
  상품들 간에 가격 차가 없습니다.

확장 2 빼기/차

1 **Finding the difference in math means subtraction.**
  수학에서 '차를 구한다'는 건 '빼기'를 말한다.

2 **Find the difference between two numbers.**
  두 수의 차를 구하시오.

3 **The difference between 10 and 2 is 8.**
  10 빼기 2는 8이다.

Jack is **twisted**.

MP3 064

UNTIL NOW (X)   잭이 비틀어졌어.

FROM NOW (O)   **잭은 성격이 꼬였어.**

twist
비틀다/트위스트

BASIC MEANING

1 **Twist open the bottle.** 병 뚜껑을 비틀어서/돌려서 따.

2 **My ring was too tight on my finger, so I twisted it off.**
반지가 손가락에 너무 꽉 끼어서 뱅글뱅글 비틀어서 뺐어.

3 **I twist my hair around my finger when I get bored.** 난 지루하면 손가락으로 머리카락을 꽈.

4 **Come on, let's do the twist.**
자, 다들 트위스트를 춥시다.

트위스트 춤 동작에서 볼 수 있듯이 신체나 사물을 한쪽으로 비틀다는 뜻에서 [1]뼈를 삐다, 신체 일부가 돌아가다의 의미로 확장됩니다. 몸을 비트는 것 외에 다른 사람의 [2]말이나 의도를 꼬다, 사실을 왜곡하다의 의미로 쓰이기도 합니다. 이런 사람이 성격이 둥글둥글할 리 없으니 [3]성격이 배배 꼬인을 뜻하기도 하죠. 또 영화나 소설 말미에 내용을 틀어서 예상치 못했던 결말을 맞는 [4]반전의 의미로도 쓰입니다.

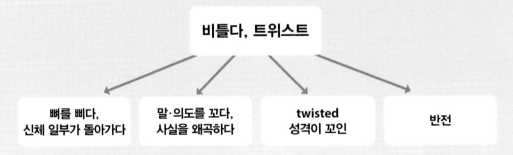

비틀다, 트위스트

| 뼈를 삐다,
신체 일부가 돌아가다 | 말·의도를 꼬다,
사실을 왜곡하다 | twisted
성격이 꼬인 | 반전 |

확장 **1**   뼈를 삐다/신체 일부가 돌아가다

1
I fell and twisted my ankle.
나 넘어져서 발목을 삐었어.

2 He twisted his knee really bad.
걔 무릎을 심하게 삐었어.

3 The policeman twisted his arm behind his back.
경찰이 그 사람 팔을 등 뒤로 꺾었다.

4 She had a stroke, and now her lips are twisted.
그분 뇌졸중 오고 나서 입이 돌아갔어.

확장 **2** 말·의도를 꼬다/사실을 왜곡하다

1 You're twisting my words. That's not what I meant.
내 말을 꼬아 듣는구나. 내 말은 그게 아니잖아.

2 She twists things to suit herself.
그 사람은 뭐든 자기 좋을 대로 꼬아서 생각해.

3

The media twisted the famous actor's words and misled the public.
방송 매체가 유명 배우의 말을 왜곡 보도함으로써 대중은 오해를 했다.

4 That's twisted logic, but it's also convincing.
왜곡된 논리이긴 한데 그래도 설득력은 있네.

확장 **3** 성격이 꼬인 (twisted의 형태로)

1 Jack is twisted.
잭은 성격이 배배 꼬였어.

2 His experiences in his childhood left him twisted.
어린 시절에 겪은 것들 때문에 그 사람 성격이 그렇게 꼬이게 됐어.

확장 **4** 반전

1 The movie was the bomb! There was a big twist at the end.
그 영화 끝내주더라. 마지막에 엄청난 반전이 있었어.

2 The novel has way too many twists, and it wore me out.
그 소설, 반전이 지나치게 많거든. 읽다가 지치더라.

I'm going to **hit** the sack now.

MP3 065

UNTIL NOW (X)   나 이제 그 부대 자루를 칠 거야.

FROM NOW (O)   **나 이제 자러 갈래.**

hit
치다/때리다

BASIC MEANING

1 Teachers are not allowed to hit their students. 선생님들의 학생 체벌은 금지돼 있다.

2 She fell and hit her head on the pavement. 그 사람이 넘어지면서 아스팔트에 머리를 부딪쳤어.

hit은 상대방을 손이나 도구로 치는 것에서 **1**타격을 주다, **2**기계 등의 버튼을 누르다와 마치 홈런을 치듯 **3**큰 성공을 거두다란 의미로 확장됩니다. 야구에서 안타나 홈런을 날리기 위해 공을 잘 겨냥해서 치듯이 맞아 떨어지는 느낌에 초점을 맞추어, 인간 관계에서는 마음에 드는 사람에게 **4**작업 걸다(hit on), 서로 잘 맞다(hit it off)는 뜻으로도 넓힐 수 있어요. 또 **5**목적지로 향하다의 의미도 있습니다.

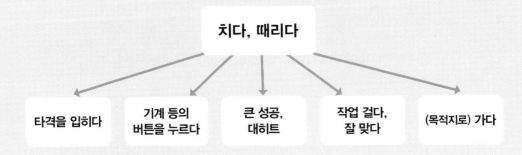

```
                        치다, 때리다

   타격을 입히다    기계 등의      큰 성공,      작업 걸다,    (목적지로) 가다
                  버튼을 누르다    대히트        잘 맞다
```

확장 **1**   타격을 주다/입히다

1 The pandemic hit his business hard.
팬데믹 때문에 그 사람 장사(사업)에 타격을 심하게 입었어.

2 Many people were hit hard by the recession.
경기 침체로 많은 이들이 큰 타격을 입었어.

3 The area was hit badly by the hurricane.
허리케인 때문에 그 지역이 큰 타격을 입었어.

4 A major earthquake hit Chile in 1960.
1960년에 대규모 지진이 칠레를 강타했다.

5 We got hit by rain on our way home.
집에 오는 길에 비가 왔어.

확장 2 기계 등의 버튼을 누르다

1

Would you hit 7, please?

(엘리베이터 안에서)
7층 좀 눌러 주시겠어요?

2 I hit the wrong numbers on the pin pad.
내가 잠금 장치 해제 번호를 잘못 눌렀어.

확장 3 큰 성공/대히트

1 The movie was a big hit.
그 영화 대박 났어.

2 The dinner was a big hit. Everyone loved your bulgogi.
저녁 진짜 끝내줬어. 다들 네가 만든 불고기 맛있다고 난리더라.

3 The trio were a real hit in this year's show.
그 삼인조가 금년 공연에서 정말 큰 인기를 끌었어.

확장 4 작업 걸다/잘 맞다

1 Is anyone hitting on you at work?
직장에서 너한테 작업 거는 사람 없어?

2 Tons of men hit on her, but she didn't pay them any mind.
그렇게 많은 남자들이 들이대도 그 여자는 전혀 신경도 안 썼어.

3 They hit it off right away.
걔네들 만나자마자 쿵짝이 잘도 맞더라.

▶ **hit it off** 죽이 맞다

확장 5 (목적지로) 가다

1 I'm going to hit the gym.
나 운동하러 갈 거야.

2

I'm going to hit the sack now.
나 이제 자러 갈래.

▸ **hit the sack** 잠자리에 들다, 자러 가다

3 Let's hit the road.
이제 출발하자.

4 The best time to hit busy restaurants is around four.
손님 많은 식당에 가려면 4시쯤이 제일 좋아.

확장 **6**   hit의 기타 용법

1 Our business is hit or miss.
장사가 잘될 때도 있고 안 될 때도 있어/복불복이야.

▸ **hit or miss** 복불복, 될 수도 있고 안 될 수도 있는

2 I learned Japanese, but my vocabulary is still hit or miss.
일본어를 배우긴 했는데 어휘력이 들쑥날쑥이야.

3 The baseball player was hit or miss this season.
그 야구 선수는 이번 시즌에 잘하다 못하다 들쑥날쑥했어.

4

That hit the spot.
바로 그거야.

▸ **hit the spot** 딱 그것이다

5 Hot fishcake soup and soju would hit the spot in this weather.
이런 날씨에는 뜨끈한 어묵탕에 소주가 딱인데.

Don't **kill** yourself.

MP3 066

UNTIL NOW (X)	자살하지 마.
FROM NOW (O)	**무리하지 마.**

kill
죽이다

BASIC MEANING

1 Three people were killed in that accident.
그 사고로 세 명이 숨졌다.

2 The snowstorm killed two mountain climbers. 눈보라로 산악인 두 명이 사망했다.

3 We saw a lot of roadkill on the road.
도로에서 차에 치여 죽은 동물들을 많이 봤어.

▶ **roadkill** (도로에서) 자동차에 치여 죽은 동물

죽이는 대상이 분위기나 기분 등이면 ¹망치다, 증상이나 통증이면 ²없애다란 뜻으로 넓힐 수 있어요. 한국어에도 '힘들어 죽겠다', '분위기 죽이는데'처럼 '죽이다'가 다른 의미로 쓰이듯이, 영어의 kill 역시 ³죽을 정도로 힘들다고 엄살을 피우거나 무엇을 죽여주게 잘하다라는 의미로도 쓰입니다.

죽이다

망치다, 끝장내다   증상·통증을 없애다   죽을 정도로 힘들다

확장 **1**　망치다/끝장내다

1 This trip will kill my budget.
이 여행 다녀오고 나면 예산 펑크나겠구나.

2 Alcohol kills your memory.
술 마시면 기억력이 감퇴돼.

3 On our first date, he farted and killed the mood.
첫 데이트 하던 날, 그 사람이 방귀를 뀌어서 분위기 다 깨졌다니까.

4 I know this will kill the vibe, but I should address the problem.
분위기를 망칠 거라는 건 아는데, 그래도 문제점은 짚고 넘어가야겠어.

5 Don't invite Tom to the party. He's a killjoy.
파티에 톰 부르지 마. 걔가 산통 다 깬다.

> **killjoy** 흥을 깨는 사람

증상/통증을 없애다

1 This pill will kill the symptoms.
이 약 먹으면 증상이 없어질 거야.

2 The chiropractor killed my backpain.
지압사가 내 허리 통증을 없애줬어.

3 I don't need painkillers. I can bear it.
진통제 필요 없어. 참을 수 있어.

확장 **3** 죽을 정도로 힘들다

1 My legs are killing me.
다리 아파 죽겠어.

2 Don't kill yourself.
무리하지 마.

3 Those freaking stairs will kill me someday.
저 망할 놈의 계단 오르내리다가 내가 언젠가 죽지 싶어.

4 I almost killed myself carrying her on my back all the way home.
걔 업고 집까지 오느라 나 힘들어서 죽을 뻔했다니까.

확장 **4** kill의 기타 용법

1

He killed it.
그 사람이 아주 죽여주게 잘했다.

2 I have thirty minutes to kill. What should I do?
나 30분 때워야 하는데, 뭐 하지?

3 It's killing two birds with one stone.
일석이조야.

LESSON 10
Take it or leave it.

MP3 067

UNTIL NOW (X)   가지든가 떠나든가 해.

FROM NOW (O)   **양자택일해/싫으면 관둬.**

take
가지다/취하다

BASIC MEANING

1   Someone took my bag.
   누가 내 가방을 가져갔어.

2   I'll take it.
   그거 제가 살게요/할게요/가질게요.

뭔가를 소유하려면 먼저 무엇을 취할지 ¹선택하고 내 것으로 ²받아들여야 하죠. take가 사람에게 쓰이면 ³데려가거나 데려오다, 시간에 쓰이면 ⁴얼마의 시간이 걸리다란 의미로 확장됩니다. 장소나 위치를 소유한다는 뜻에서는 ⁵차지하다, 점령하다의 의미가 되고, 누구에게 소유당하듯 ⁶매료되다는 뜻으로도 쓰입니다.

가지다, 취하다

선택 하다 | 받아들이다 | 데려가다, 데려오다 | 시간이 걸리다 | 차지하다, 점령하다 | (수동태로) 매료되다

확장 **1**   선택하다

1   Take it or leave it.
   양자택일해/싫으면 관둬.

2   You always take her side.
   넌 맨날 걔 편만 드네. (← 넌 늘 걔 편을 선택하네.)

3   It's hit or miss, but I'll take my chances.
   될지 안 될지 모르지만, 안 되더라도 한번 해 볼래. (← 나한테 온 기회를 택할래.)

4   Are you taking chemistry this semester?
   너 이번 학기에 화학 들어? (← 화학 선택해 듣는 거야?)

받아들이다

1 I'll take that as a yes.
승낙한 걸로 알고 있을게.

2 My job is killing me. I can't take it anymore.
일 때문에 힘들어 죽겠어. 더는 못 해. (← 더는 이 상황을 못 받아들여.)

3 Don't take it personally.
(상황이나 사람들이 말하는 걸) 감정적으로 받아들이지 마. (기분 나빠하지 마.)

4 He didn't take the criticism that well.
그 사람, 비판을 그렇게 잘 받아들이지는 못하더라.

> **that well** 그렇게 잘

5 I told her she's too naive. She took it as a compliment.
내가 걔한테 너무 순진하다고 했거든. 걔는 그걸 칭찬으로 받아들이더라.

6 It's hard to believe that he wants me to take all the responsibility.
그 사람이 내가 전부 다 책임지기를 바란다니 정말 믿을 수가 없네.

7

Sorry, we don't take credit cards.
We take cash only.
죄송하지만 저희가 신용카드는 안 받습니다. 현금만 돼요.

확장 **3** 데려가다/데려오다

1 Can you take me home?
나 집에 좀 데려다줄래?

2 I'll take you out for dinner.
내가 저녁에 너 데리고 나가서 외식시켜 줄게.

3 He took me on a date.
걔가 나 데이트 신청해서 데리고 나갔어.

4 I'll take the kids to the movies.
내가 애들 데리고 영화 보러 갈게.

시간이 걸리다

1 It took me a month to adjust to the new job.
나, 새 직장에 적응하는 데 한 달 걸렸어.

2
It takes two hours to get there.
거기 가는 데 두 시간 걸려.

확장 **5** 차지하다/점령하다

1 This seat is taken. Someone claimed it earlier.
이 자리 주인 있어요. 아까 누가 와서 맡아 놨어요.

▸ **claim** 찜하다

2 The ivy took over our backyard.
우리 뒷마당이 담쟁이넝쿨로 뒤덮였어.

확장 **6** 매료되다 (주로 수동태로)

1 He's very taken with her.
걔 그 여자한테 푹 빠졌어.

2
I'm taken with the scenery.
와, 나 경치에 빨려 들어갈 정도야.

My dad is a **hard** man.

MP3 068

UNTIL NOW (X)	우리 아버지는 단단한 분이셔.
FROM NOW (O)	**우리 아버지는 (상대하기) 어려운 분이셔.**

hard
딱딱한/열심히

BASIC MEANING

1 Crab shells are hard. 게 딱지는 딱딱해.

2 I've only been eating hard-boiled eggs to lose weight. 나, 살 빼려고 (단단하게 삶은) 완숙 달걀만 먹고 있어.

3 His head is hard. It's like a rock.
개 머리 되게 단단해. 바윗돌 같다니까.

4 Hardcover books cost more than paperbacks.
양장본 책이 종이 표지 책보다 더 비싸.

▶ **hardcover book** 딱딱한 표지로 제본한 책

단단하고 딱딱한 것을 강도면에서 보면 ¹세다고 할 수 있습니다. 단단하고 딱딱하니 뭘 좀 해 보려고 해도 다루기가 ²어렵고 힘듭니다. 사람이 딱딱하면 다른 사람을 ³힘들게 하는 면도 있죠. 그래도 ⁴열심히 해 보려 하는데, 이러다가 ⁵무리가 따르기도 합니다. hard는 이처럼 강경한 대상, 곤란한 상황으로 의미를 확장시킬 수 있습니다.

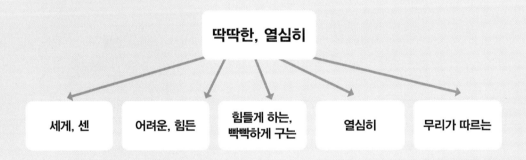

딱딱한, 열심히

세게, 센 · 어려운, 힘든 · 힘들게 하는, 빡빡하게 구는 · 열심히 · 무리가 따르는

확장 **1** (강도가) 세게/센/(물이) 센물인

1 The wind is blowing hard.
바람 세게 부네.

2 It rained hard last night. It poured for a solid four hours.
어젯밤에 비가 세게 왔어. 꼬박 네 시간 동안 퍼붓더라고.

▶ **solid** (시간상) 중단 없는, 꼬박 계속되는

3

He only drinks hard liquor, like vodka.
그 사람은 보드카처럼 도수 높은/센 술만 마셔.

4 We have hard water in our area, so we installed a water softener.
우리 사는 지역에 센물(경수)이 나와서 연수기를 설치했어.

확장 **2**　(상황이) 어려운/힘든

1 Your handwriting is hard to read.
네 글씨는 읽기가 어려워.

2 It's hard being a single mom.
(남편 없이) 엄마 혼자 애 키우는 건 힘들지.

3

It was a hard decision, but I think it was a good call.
어려운 결정이었지만 잘 결정했다고 봐.

Whew!

4 Is somebody giving you a hard time at school?
학교에서 누가 널 괴롭히니? (널 힘들게 하는 사람이 있니?)

▶ **give someone a hard time** ~를 괴롭히다 (← ~에게 힘든 시간을 주다)

5 She took my advice very hard.
걔, 내 충고를 되게 힘들게 받아들이더라고.

6 She didn't want to take my advice. She'll have to learn the hard way.
걔는 충고를 해 줘도 들을 생각이 없더라고. 힘들게 고생 좀 해 보면 알겠지.

▶ **the hard way** 고생을 하면서, 어려운 방법으로

확장 3 (사람을) 힘들게 하는/빡빡하게 구는

1 My dad is a hard man.
우리 아버지는 (상대하기) 어려운 분이셔.

2 Don't be so hard on him.
걔한테 너무 그러지 마.

확장 4 열심히

1 I studied hard, but I didn't meet my own expectations.
열심히 공부했지만 내 기대에 못 미쳤어.

2 Give me a minute. I'm thinking hard.
잠깐 기다려 봐. 박 터지게 생각하는 중이야.

확장 5 무리가 따르는

1 Bright lights can be hard on the eyes.
밝은 빛이 눈에 무리를 줄 수도 있어.

2
Sitting on a chair for hours is hard on my spine.
의자에 몇 시간씩 앉아 있으면 척추에 무리가 가.

3 High heels are hard on my feet.
하이힐 신으면 발에 무리가 가서 아파.

The Internet keeps us up to **date**.

MP3 069

UNTIL NOW (X)   인터넷은 우리가 날짜를 지키게 해 준다.

FROM NOW (O)   **인터넷은 우리에게 최신 정보를 제공해 준다.**

date

데이트/날짜

BASIC MEANING 1

1 I asked him out on a date. 나 걔한테 데이트 신청했어.

▸ **ask ~ out on a date** ~에게 데이트 신청하다

2 I'm on a date with Elliot. 나 엘리엇이랑 데이트 중이야.

BASIC MEANING 2

1 What's the date today? 오늘 며칠이지?

2 You should always check the expiration date on store-bought food.
가게에서 파는 음식은 항상 유통기한을 확인해야 해.

3 What is your date of birth?
생년월일이 어떻게 되세요?

4 Please sign and date at the bottom of the page.
맨 아래에 서명하시고, 날짜를 기입해 주세요.

연인과 데이트를 하려면 언제 만날 것인지 날짜를 잡아야 합니다. 날짜가 많이 모이면 시대가 되고, 시간이 많이 지난 예전 시대의 것은 구식이 되어 date에는 [1]구식이 되다, 유행에 뒤떨어지게 되다의 의미도 있습니다. 한편 옛것의 날짜를 따져본다는 뜻에서 [2]연대를 추정하다는 의미로 확대됩니다. date는 up, to와 함께 쓰여 다양한 뜻으로 활용됩니다.

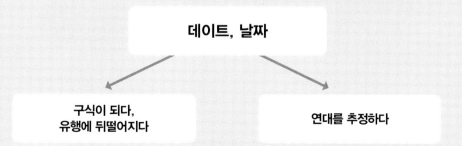

데이트, 날짜

구식이 되다,
유행에 뒤떨어지다

연대를 추정하다

확장 **1**　구식이 되다/유행에 뒤떨어지다

1　This movie seems a little dated.
이거 좀 옛날 영화 같다.

2

I, as a fashion designer, always try to design classic clothes which do not date.
나는 패션 디자이너로서 늘 유행에 뒤떨어지지 않는 클래식한 옷을 디자인하려고 노력한다.

3　Some James Bond films have dated more than others.
〈제임스 본드〉 시리즈 중 몇 편은 나머지에 비해 (내용이나 스타일이 시대에 뒤떨어지는) 구닥다리가 되었다.

PLUS　**out of date** 구식의

❶ This style will never go out of date. 이건 유행 안 타는 스타일이에요.
❷ His pants are totally out of date. 그 사람 바지 완전 구식이야.

확장 **2**　연대를 추정하다

1　The experts dated the painting to the 1550s.
전문가들은 그 그림이 그려진 시기를 1550년대로 추정했다.

2

We're unable to date theses fossils.
이 화석들이 언제 것인지 연대를 추정할 수가 없습니다.

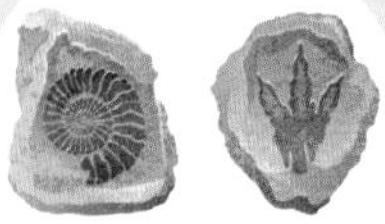

지금까지 (to date의 형태로)

❶ Only three people registered for the basketball team to date.
지금까지 농구팀에 등록한 사람은 세 명밖에 되지 않는다.

❷ I've lost ten pounds to date.
지금까지 10파운드(약 4.5킬로그램) 뺐어.

PLUS 최신식의 (up to date의 형태로 ← 예전 날짜를 지금까지 위로 끌어올린 느낌)

❶ My phone is up to date.
내 핸드폰은 최신식이야.

❷ The Internet keeps us up to date.
인터넷은 항상 최신 정보를 제공해 줘.

❸ She's always up to date with celebrity gossip.
걔는 연예인 뒷얘기는 최신 것까지 늘 꽉 잡고 있어.

PLUS 업데이트하다, 갱신하다 (update의 형태로)

❶ I need to update my computer.
내 컴퓨터 업데이트 시켜야 해.

❷
We updated our kitchen.
부엌 좀 개조했어.

LESSON 13

Can you **step** into his shoes when he quits?

MP3 070

UNTIL NOW (X) 　그 사람이 관두면 네가 그 사람 신발 속으로 걸어들어가 줄 수 있어?

FROM NOW (O) 　**그 사람이 관두면 네가 그 사람 일 시작할 수 있어?**

step
걸음

BASIC MEANING

1 **A part of the floor sank. Watch your step.**
바닥에 푹 꺼진 데가 있어. 걸음 조심해.

2 **Our baby took his first steps today.**
우리 아기가 오늘 첫 걸음마를 뗐어.

3 **I live only a couple of steps away from his house.** 난 걔네 집에서 겨우 몇 발자국 떨어진 데서 살아.

4 **I retraced my steps to find my car key.**
나 자동차 열쇠 잃어 버려서 걸어 왔던 길로 다시 가 봤어.

왼발, 오른발을 차례대로 떼며 걸음을 걷는 것처럼 step은 일을 처리할 때 하나하나 거치는 ¹과정, 단계를 뜻합니다. 어떤 상황을 처리하거나 문제 해결을 위해 ²조치를 취한다는 의미로도 넓힐 수 있어요. 걸음을(step) 떼어 안으로(into) 들여놓는다는 뜻에서 새로운 일을 ³시작하다를 의미하기도 하는데, 어느 방향으로 걸음을 떼느냐에 따라 발전이냐 퇴보냐가 갈리기도 합니다.

걸음

과정, 단계 ── (take와 함께) 조치 ── 시작하다

확장 **1**　과정/단계

1 **What's the next step?**
다음 단계는 뭐야?/이제 뭘 하면 돼?

2 **Let's take one step at a time.**
한 번에 한 단계씩 차근차근 하자.

3 **I'll walk you through the steps.**
과정을 하나하나 자세히 설명해 줄게.

확장 2 조치 (take와 함께 쓰임)

1 We took immediate steps to put out the fire.
불을 끄려고 즉각적인 조치를 취했다.

2 We need to take steps to stop the packages from being stolen.
택배 도둑맞는 일 없게 조치를 취해야 해.

확장 3 시작하다 (step into의 형태로)

1 I stepped straight into a job after college.
난 대학 졸업하고 나서 바로 일 시작했어.

2 Can you step into his shoes when he quits?
그 사람 관두면 네가 그 사람 일 시작할 수 있어?

▶ **step into one's shoes** ~의 후임이 되다, ~의 뒤를 잇다

확장 4 step의 기타 용법

1

He stepped up to the manager position.
그 사람 매니저로 승진했어.

▶ **step up to** ~에 다가가다

2 Your team really stepped up its performance.
너희 팀 진짜 많이 늘었다.

▶ **step up** 강화시키다

3 People stepped aside for the bicyclists.
자전거족이 지나가게 사람들이 비켜섰어.

▶ **step aside** 비켜서다

4 The principal built a terrible reputation and got forced to step aside. 교장 선생님 평판이 워낙 안 좋아서 사람들이 강제로 사임시켰어.

▶ **step aside** 사임하다

5 The mayor stepped down due to health problems.
시장님이 건강 문제로 사퇴하셨다.

▶ **step down** 사퇴하다

6 You need to step back and look at the big picture.
좀 물러서서 큰 그림을 봐야지.

▶ **step back** (뒤로) 물러서다

He has no family to fall **back** on.

MP3 071

UNTIL NOW (X)　　그 사람은 뒤로 떨어질 가족이 없어.

FROM NOW (O)　　**그 사람은 기댈 만한 가족이 없어.**

back
등/뒤

BASIC MEANING

I have a backache. Can you rub my back?
등이 쑤시네. 내 등 안마 좀 해 줄래?

사람의 등은 앞뒤로 구분했을 때 뒤입니다. 시간의 뒷면은 [1]과거지요. 또 이전 상태로 돌아 간다는 의미도 있는데, 여기서 [2]원상복귀, 철회, 취소의 뉘앙스도 풍깁니다. 그리고 누군가 쓰러지려고 할 때 등을 받쳐 주면 쓰러지지 않고 버티듯이, back은 여러 단어와 함께 [3]지지 하다, 의지하다, 믿을 구석이 있다는 뜻으로 쓰이기도 합니다.

등, 뒤

과거에, 예전에　　　원상복귀, 철회, 취소　　　지지하다, 의지하다, 믿을 구석이 있다

확장 **1**　　과거에, 예전에 (back in the day의 형태로)

1　We didn't have cellphones back in those days.
　　옛날에는 핸드폰이 없었지.

2　Back in the day, I walked an hour to go to school every morning.
　　난 옛날에 매일 아침 한 시간씩 걸어서 학교에 갔어.

3　He was a popular singer back in the day.
　　그 사람, 옛날에는 유명한 가수였지.

원상복귀/철회/취소

1 **Everything went back to normal.**
모든 게 다 정상으로 돌아왔어.

2 **I lost three pounds, and I gained it back over the weekend.**
나 3파운드 뺐는데 주말에 도로 쪘어.

3 **You've already signed the contract. You can't back out now.**
계약서에 이미 서명하셔서 지금 취소 못하세요.

▶ **back out** 철회하다

4 **Drop it. It's too late to back out anyway.**
포기해. 어차피 발 빼기엔 너무 늦었어.

확장 **3** **지지하다/의지하다/믿을 구석이 있다**

1 **He has no family to fall back on.**
그 사람 기댈 만한 가족이 없어.

▶ **fall back on** ~에 기대다

2 **The recession hit my business hard, but I have some savings to fall back on.**
불경기 때문에 사업에 타격이 심하게 있긴 하지만 모아 놓은 돈이 좀 있어서 괜찮아.

3 **She has no evidence to back up her words. Something stinks.**
그 사람, 자기 말을 뒷받침해 줄 만한 증거가 없어. 뭔가 수상해.

▶ **back up** 지지하다, 뒷받침하다

확장 **4** **back의 기타 용법**

1 **My four-year-old son talks back a lot. It might cause a problem at school in the future.**
네 살인 우리 아들이 말 대답을 엄청 해. 나중에 학교 가서 문제가 되는 건 아닌지 모르겠어.

2 **If you kick me, I'll kick you back.**
네가 나 발로 차면, 나도 되받아 차 준다.

3 **This is a one-way street. I need to back up.**
이 길 일방통행이네. 차 뒤로 빼야겠다.

▶ **back up** (차를) 후진하다

4 **I posted pictures from high school on Throwback Thursday.**
추억 담긴 사진 올리는 목요일에 내 고등학생 때 사진을 올렸어.

▶ **Throwback Thursday** 추억이 담긴 사진을 목요일에 SNS에 올리는 것

Where am I going to **store** all this?

MP3 **072**

UNTIL NOW (X) 이거 다 사러 어느 가게로 가야 할까?

FROM NOW (O) **이걸 다 어디에 저장해 두지?**

store
가게

BASIC MEANING

1 Can you swing by a dollar store on your way? 오는 길에 천냥하우스에 좀 들를 수 있어?

2 This thrift store has lots of good stuff. 이 중고 매장에는 좋은 물건들이 많아.

▶ **thrift store** 중고품 할인 매장

3 This wholesale store attracts lots of people. 이 도매 상점에는 사람들이 많이 와.

4 I need to drop by the Apple Store to fix my phone. 핸드폰 고치러 애플 매장에 잠깐 들러야 해.

가게에는 물건이 많이 저장되어 있습니다. 따라서 store는 ¹저장하다, 비축하다는 의미로 확장 가능합니다. 또 store의 파생어인 storage는 ²보관 창고라는 뜻으로 일상에서 많이 쓰입니다.

가게

→ 저장하다, 비축하다, 저장량

→ storage
저장, 보관 창고

확장 **1** 저장하다/비축하다/저장량

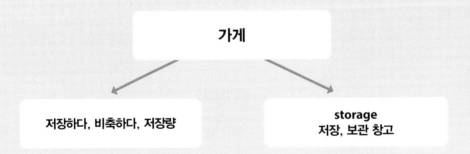

1
Squirrels store acorns for the winter.
다람쥐들은 겨울을 나기 위해 도토리를 저장해 둬.

2 Sea lions store body fat.
바다사자들은 체지방을 비축해 두지.

3 Where am I going to store all this?
이걸 다 어디에 저장해 두지?

4 We store old files in this cabinet.
옛날 파일들은 이 캐비닛에 보관해 두고 있어.

5 He has an impressively large store of wine in his cellar.
그 사람은 지하에 와인을 진짜 많이 비축해 뒀어.

확장 **2** 저장/보관 창고 (storage의 형태로)

1 We always store bottled water in our storage closet for emergency use.
우리는 비상 사태에 대비해서 창고에 언제나 병에 담긴 물을 비축해 둬.

2 New phones have more storage than old ones.
신형 핸드폰은 구형 핸드폰에 비해 저장 공간이 더 많아.

3 Our house has no room for storage. We need to update our house.
우리 집엔 창고로 쓸 만한 공간이 없어. 집을 좀 개조해야 해.

4 Lots of American families use their garage as a storage area.
미국인 가구 중에는 차고를 창고로 사용하는 사람들이 많아.

5 I pay for self-storage.
난 창고 빌려서 돈 내고 써.

Are you **still** coming?

MP3 073

UNTIL NOW (X)	아직도 오는 중이야?
FROM NOW (O)	**(온다고 했으니까) 올 거지?/** **확실히 오는 거지?**

still
아직도

BASIC MEANING

1 **Eat your soup while it's still hot.**
국 (아직) 뜨끈뜨끈할 때 먹어.

2 **I'm still debating between two jobs.**
나 직장 두 곳을 놓고 어디로 갈지 아직도 고민 중이야.

3 **My mom is still a child.**
우리 엄마는 지금도 애 같이 굴어/성숙하지 못해.

4 **My dog is still sitting at the same spot since this morning.**
우리 개가 오늘 아침에 있던 그 자리에 여태 그대로 앉아 있어.

아직도, 여전히라는 말은 오랫동안 변함없다는 뜻을 전제로 하기에 **¹**움직이지 않고 정지해 있는 상태로 확장할 수 있습니다. 물이 움직이지 않는다는 건 **²**잔잔하다는 뜻이고 소리가 움직이지 않는다는 건 정적의 의미죠. 또 계획이 움직이지 않는다는 건 **³**변동이 없는, 차질이 없는의 뜻이고, 혹 변화가 생기더라도 **⁴**그럼에도 불구하고 원래 의도나 상태를 유지하는 걸 의미하기도 합니다.

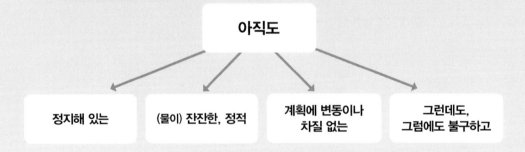

아직도

정지해 있는 · (물이) 잔잔한, 정적 · 계획에 변동이나 차질 없는 · 그런데도, 그럼에도 불구하고

확장 1 (움직이지 않고) 정지해 있는

1 **He can't sit still.**
걘 가만히 앉아 있지를 못해.

2 **Stand still while I'm measuring your height.**
키 재는 동안 움직이지 말고 가만히 서 있어.

(물이) 잔잔한/정적

1 Algae grows fast in still water.
   고여 있는 물에서 물이끼가 빨리 자라.

2 The old pop song "In the Still of the Night" is a real throwback to the 50s.
   "한밤중의 정적 속에서"라는 옛날 팝송은 완전 제대로 50년대 풍이더라.

3
I like reading a book in the still of the early morning.
난 이른 아침 고요한 시간에 책 읽는 걸 좋아해.

확장 **3**   계획에 변동이나 차질 없는

1 Are you still coming?
   (전에 온다고 했으니까) 너 올 거지?/확실히 오는 거지?

2 Are you still going to quit?
   (전에 그만둔다고 했는데 그 마음에 변동 없이) 너 진짜로 관둘 거야?

확장 **4**   그런데도/그럼에도 불구하고

1 The house is in bad shape, but we're still going to buy it.
   집 상태가 안 좋긴 한데 그래도 그냥 사려고.

2 I'm not that attached to my dad, but I'm still going to visit him to keep him company.
   나 우리 아빠한테 그렇게 애착은 없어. 그래도 말동무해 드리러 찾아뵙기는 할 거야.

3 I'm afraid she's losing her health. Still, she can manage herself.
   그분 건강이 점점 나빠져서 걱정이긴 해. 그런데도 그분이 스스로 다 하시고 사셔.

She **stood** up for me.

MP3 **074**

UNTIL NOW (X)   그녀가 나를 위해 일어섰어.

FROM NOW (O)   **그녀가 나를 위해 나서 줬어.**

stand
서다

BASIC MEANING

1 She's standing by the door. 그 사람이 문가에 서 있어.

2 I'm just standing around. 그냥 서성거리고 있어.

3 Stand up straight. 자세 바르게/허리 쪽 펴고 똑바로 서.

4 If I stand up for a long time, my back hurts.
난 오래 서 있으면 허리가 아파.

오랫동안 서 있으려면 몸을 잘 지탱하고 다리가 아파도 **¹참아야** 합니다. 이런 상태를 계속 유지한다는 의미에서 조건, 제의 등이 **²아직 유효하다**는 뜻으로도 확장됩니다. 서 있는 위치에서 확장돼 어떤 것에 대한 **³입장**이라는 뜻도 되고요, 누군가의 입장에 선다는 의미에서 그 사람을 지지한다는 뜻도 됩니다. 또한 길가에 서 있는 **⁴노점**이나 길고 복잡한 말이나 이름의 앞 글자만 딴 **⁵약자**가 어떤 것을 나타내다라고 할 때도 stand를 쓸 수 있습니다.

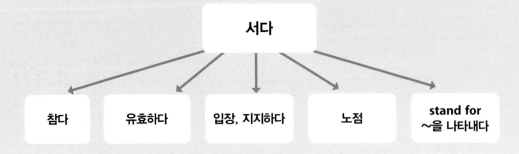

서다 → 참다 / 유효하다 / 입장, 지지하다 / 노점 / stand for ~을 나타내다

확장 **1**   참다

1 He couldn't stand the pain and called the ambulance.
그 사람, 통증을 못 참고 구급차를 불렀어.

2 He's been under a lot of pressure. I don't think he can stand much more.
그 사람, 계속 압박을 심하게 받아서 오래 못 버틸 것 같아.

3 I can't stand her. She flexes her money all the time.
난 걔를 정말 참아 줄 수가 없어. 맨날 돈 자랑이야.

확장 2   유효하다

1   Our offer still stands. Take your time and think about it.
저희가 드린 제안은 아직도 유효하니까 충분히 시간을 갖고 생각해 보세요.

2   Does your suggestion still stand?
네가 제안했던 거 아직도 유효해?

확장 3   입장/지지하다 (stand up for의 형태로)

1   We're standing up for children's rights.
우리는 어린이의 권리를 지지합니다.

2   Please be clear about where you stand.
당신 입장을 확실하게 밝혀 주세요.

3   She stood up for me.
그 사람이 날 위해서 나서 줬어/대변해 줬어.

4   You always take his side and stand up for him.
넌 항상 걔 편만 들고 걔만 두둔하더라.

확장 4   노점

1

Did you see the new hot dog stand?
너 새로 생긴 핫도그 노점 봤어?

HOT DOG

2   This fruit stand sells fresh produce.
이 과일 노점에서 파는 건 다 신선해.

3   The Korean sweet pancake stand is gone now.
호떡 점포가 없어졌어.

확장 5   ~을 나타내다 (stand for의 형태로)

1   BTS stands for BangTanSonyondan.
BTS는 방탄소년단의 약자야.

2   LOL stands for Laugh Out Loud.
LOL은 '큰 소리로 웃다(Laugh Out Loud)'의 약자야.

3   Do you know what NASA stands for?
너 NASA가 뭐의 약자인지 알아?

4   NASA stands for National Aeronautics and Space Administration.
나사는 미국 '국립항공우주국'의 약자야.

The gas meter **read** 9742.

MP3 075

UNTIL NOW (X)   가스 계량기가 9742라고 읽었어.

FROM NOW (O)   **가스 계량기에 9742라고 찍혔어.**

read
읽다/읽히다

BASIC MEANING

1 My grandpa still reads the newspaper every morning. 우리 할아버지는 지금도 아침마다 신문 보셔.

2 It's the best sci-fi book I've ever read. 이제까지 읽은 공상 과학 소설 중 최고야.

3 This book reads quite smoothly. 이 책 꽤 쉽게 술술 읽혀.

4 Try to read between the lines, not just literally. 글씨만 읽지 말고 행간을 읽으려고 해 봐.

읽는다는 건 뭔가 ¹쓰여 있기 때문에 가능한 거죠. 그런데 이 쓰여 있는 게 반드시 글씨가 아니어도 ²보고 뜻을 이해할 수 있다면 읽어서 이해하는 것과 마찬가지로 봅니다. 같은 맥락에서 어떤 상황의 ³분위기나 징조를 알아채고 손금을 보는 것 역시 read의 의미에 포함돼요.

읽다

쓰여 있다, 적혀 있다 | 이해하다, 알다 | 분위기나 징조를 알아채다, 손금을 읽다

확장 **1**   쓰여 있다/적혀 있다

1 The gas meter read 9742.
가스 계량기에 9742라고 찍혔어.

▶ 이때 read는 과거형이라 [리드]가 아니라 [뤠드]로 발음합니다.

2 The thermometer read -2 degrees.
온도계에 영하 2도라고 찍혔어.

▶ 이때의 read도 [뤠드]로 발음합니다.

3   My Fitbit doesn't read my heart rate.
    내 핏빗에 심박수는 안 나와. (← 안 쓰여 있어.)

    ▶ **Fitbit** 핏빗(스마트 워치의 일종)

4   My blood pressure read 120/89.
    내 혈압이 120에 89라고 나오네.

    ▶ 이때의 read도 마찬가지로 [뤠ㄷ]로 발음합니다.

확장 **2**   이해하다/알다

1   A lady gave me an urgent look, so I read it as an SOS.
    어떤 여자가 다급한 표정으로 나를 쳐다보길래 도와달라는 신호구나 싶었지.

2   I read her lips and I called the police.
    난 그 사람이 입 모양으로 말하는 걸 알아듣고는 경찰에 신고했어.

3   I can read braille.
    나 점자 읽을 수 있어.

4   My husband reads my mind.
    내 남편은 내 속을 훤히 들여다봐.

5   I'm not good at reading maps.
    난 지도 잘 못 봐/이해를 못 하겠어.

6   Can you read music notes?
    너 음표 볼 줄 알아?

7

Good surfers read the waves.
서핑 잘하는 사람들은 파도를 잘 알아.

확장 **3**   분위기나 징조를 알아채다/손금을 읽다

1   I read the room and I thought it would be the best idea not to say anything.
    딱 분위기 보니까 아무 말 안 하는 게 제일이겠다 싶더라고.

2   Native Americans could predict the weather by reading the wind.
    인디언들은 바람만 보고도 날씨를 예측할 수 있었대.

3   I would like to learn how to read tarot cards.
    타로 카드 보는 법 배우고 싶어.

4   My friend reads palms.
    내 친구 손금 볼 줄 알아.

Score!

MP3 076

UNTIL NOW (X)   점수!

FROM NOW (O)   앗싸!/한 건 했다!

score
점수

BASIC MEANING

1 What's the score now?
지금 점수 몇 대 몇이야?

2 The final score is 3 to 7.
최종 점수는 3 대 7이야.

3 Her score was 131 on the IQ test.
걔 아이큐 테스트 점수 131이었어.

4 My TOEIC score is 800.
내 토익 점수는 800이야.

5 I almost got a perfect score.
나 거의 만점 받았어/만점 받을 뻔했어.

6 Can you keep the score for our team?
우리 팀 점수 좀 기록해 줄래?

운동 경기나 시험에서 얻은 점수를 score라고 하는데요, 획득한 결과라는 점에서 [1]성공하다, 횡재하다는 의미로 확장할 수 있습니다. 그때의 기분을 살려 앗싸! 등의 감탄사로도 자주 쓰입니다.

점수

↓

성공하다, 횡재하다, 앗싸!

SCORE!

성공하다/횡재하다/(감탄사의) 앗싸!

1

I scored a free dinner at the customer appreciation event.

고객 감사 이벤트에서 무료 저녁 식사에 당첨됐어.

2 He ran several businesses and scored many successes.

그 사람 사업체를 여러 개 운영했는데 성공한 게 많아.

3 She managed to score a promotion at work after months of hard work.

그 사람 몇 달 간 열심히 일하더니 결국 승진하고야 말았네.

4

With her innovative ideas, she was able to score a lucrative contract with a big client.

그 사람, 혁신적인 아이디어로 큰 고객과 채산성 높은 계약을 따낼 수 있었어.

5 Score! I got a surprise bonus at work.

앗싸! 나 회사에서 깜짝 보너스 받았어.

6 Score! We just got upgraded to first class for our flight.

앗싸! 우리 비행기에서 1등석으로 업그레이드 됐어.

I'm **touched** by his email.

MP3 077

UNTIL NOW (X)   그 사람 이메일이 나를 만졌어.

FROM NOW (O)   **나 그 사람 이메일 읽고 감동받았어.**

touch
만지다

BASIC MEANING

1 Please don't touch my stuff. 제 물건에 손대지 마세요.

2 The sign says, "Do not touch."
표지판에 "만지지 마시오"라고 써 있어.

3 My cat doesn't like to be touched. He's also very shy.
우리 고양이는 누가 자기 만지는 거 싫어해. 거기다가 낯도 많이 가려.

4 The guy who's sitting next to me keeps touching my arm.
내 옆에 앉은 남자가 자꾸 내 팔을 건드려.

만지다는 의미를 확장하면 ¹따뜻한 보살핌의 손길, 혹은 수리가 필요한 부분을 ²손보다라는 뜻도 됩니다. 접촉이라는 의미에서는 ³두 사물이 맞닿거나 두 사람이 ⁴연락을 취하거나 전하고자 하는 메시지가 마음에 닿아 ⁵감동을 주다란 뜻으로도 쓰입니다. 또한 부정어와 함께 써서 실력이 좋고 위상이 높아서 ⁶아무도 손을 못 대다란 의미로도 활용됩니다.

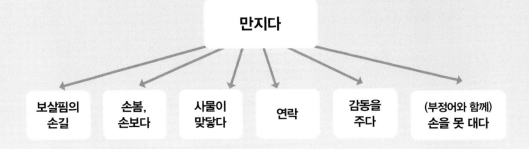

| 만지다 |
| 보살핌의 손길 | 손봄, 손보다 | 사물이 맞닿다 | 연락 | 감동을 주다 | (부정어와 함께) 손을 못 대다 |

확장 **1**   (보살핌의) 손길

1 This house needs a woman's touch.
(집이 썰렁하고 삭막한 경우) 이 집엔 여자의 손길이 필요하군.

2 Whenever I get sick, I miss my mother's touch.
난 아플 때마다 엄마가 돌봐주시던 게 생각나.

3 She put the finishing touches on our new house.
그 사람이 우리 새 집 마무리 작업을 해 줬어.

▶ **finishing touch** 마무리 작업

손봄/손보다 (touch-up/touch up의 형태로)

1 Our house needs a little touch-up. 우리 집 조금 손봐야 해.

2 We don't need to repaint the walls, but they need a small touch-up here and there.
벽 전체를 다시 다 페인트칠할 필요는 없지만 여기저기 몇 군데 손은 봐야 해.

3 Use a foundation brush to touch up your makeup.
화장 손볼 때 파운데이션 붓을 써 봐.

확장 **3** 사물이 맞닿다

1 The doorknob keeps touching the wall. 문 손잡이가 자꾸 벽에 닿아.

2 Let's move the desk a little farther out so it doesn't touch the wall. 책상이 벽에 닿지 않게 조금만 더 앞으로 옮기자.

3 The cars are parked so close that they're almost touching each other. 차들을 너무 가깝게 주차해 놔서 차끼리 거의 닿게 생겼어.

확장 **4** 연락

1 Let's keep in touch. 서로 연락하자.

2 We've lost touch. 우리는 연락이 끊겼어.

3 Are you still in touch with him? 너 아직도 걔랑 연락해?

확장 **5** 감동을 주다

1 The twist at the end of the movie was touching.
영화 막판에 반전이 너무 감동적이었어.

2 I gave my first paycheck to my mom. She was so touched.
엄마한테 첫 월급 드렸더니 엄청 감동하셨어.

3 I'm touched by his email. 나 그 사람 이메일 읽고 감동받았어.

4 Your family story really touched my heart.
너희 가족 얘기, 진짜 마음이 찡하더라.

확장 **6** 아무도 손을 못 대다 (부정어와 함께)

1 No one can touch him in swimming. He's like a dolphin.
수영으로는 그 사람 이길 수 있는 사람이 없어. 완전 돌고래 같다니까.

2 Nothing can touch their products. They're top-notch.
그 회사 제품은 못 따라잡지. 제품의 질이 최고거든.

You're driving. Your phone can **wait**.

MP3 078

UNTIL NOW (X)   너 운전 중이야. 네 전화는 기다릴 수 있어.

FROM NOW (O)   **너 운전 중이야. 전화는 나중에 받아도 돼.**

wait
기다리다

BASIC MEANING

1. I waited in the waiting room for an hour.
대기실에서 한 시간을 기다렸어.

2. How long is the wait?
(식당 등에서) 얼마나 기다려야 해요?

3. There was a long wait for a table at the restaurant. 그 식당은 테이블 대기 시간이 되게 길었어.

4. Would you put my name on your waiting list?
대기자 명단에 제 이름 올려 주시겠어요?

5. Happiness won't wait.
행복은 기다려주지 않는다.

6. Good things come to those who wait.
기다린 자에게 복이 있나니.

wait은 기다리고 바라는 바를 [1]기대하며 기회가 올 때까지 참는다는 뜻이기도 합니다. 지금 당장 하고 싶은 일을 꾹 참고 다음으로 미루기도 하기 때문에 [2]미루다는 의미로도 쓰여요. 또 식당에서는 웨이터(waiter), 웨이트리스(waitress)들이 손님에게 필요한 것을 가져다주고 요구 사항을 해결해 주기 위해 가까운 곳에서 기다리죠. 그래서 [3]시중 들다, 챙기다는 의미로도 확장됩니다.

기다리다

기대하다   (급하지 않아서) 미뤄지다   **wait on** 식사 시중 들다, 챙기다

확장 1   기대하다 (can't wait의 형태로)

1   The party will be so much fun. I can't wait.
파티 너무 재밌겠다. 기대돼.

2   I can't wait to see you.
너 빨리 보고 싶어 죽겠어.

3

You wait!
(협박조로) 너 두고 봐! (← 내가 어떻게 할 것인지 기대해라.)

4   Let's wait and see.
(결과가 어떻게 될지) 진득하게 좀 두고 보자.

확장 2   (급하지 않아서) 미뤄지다

1   I'll ask you another time. It can wait.
내가 다음에 물어볼게. 나중에 해도 되는 거니까.

2   Let's call it a day. This project can wait for another day.
오늘은 그만하죠. 이 프로젝트는 하루 더 여유가 있으니까.

3   You're driving. Your phone can wait.
너 지금 운전 중이야. 전화는 나중에 받아도 돼.

4   It's urgent. It can't wait.
급한 일이라 지금 당장 처리해야 해. (← 미뤄질 수 없다)

5   That'll have to wait. Our manager is not in today.
지금 당장은 곤란한데요. 매니저가 오늘 안 나오셨거든요.

확장 3   식사 시중 들다/챙기다 (wait on의 형태로)

1   Waiters are people who wait tables at restaurants.
웨이터는 식당에서 서빙하는 사람이다.

2   I used to wait tables to pay for my classes and rent when I was in college.
대학 다닐 때 학비랑 월세 내느라 웨이터로 일했었어.

3   My mom always waits on me.
우리 엄마는 늘 나를 챙기셔.

4   My husband is spoiled, and he expects me to wait on him.
우리 남편은 버릇이 잘못 들어서 내가 자기 시중을 들어주길 바란다니까.

CHAPTER
5

교과서도 안 가르쳐 준 의미 확장 표현

Her poetry really **speaks** to me.

MP3 **079**

UNTIL NOW (X)	그 사람 시가 진짜로 내게 말을 거네.
FROM NOW (O)	**그 사람 시가 정말 감동적이고 인상적이야.**

speak
말하다

BASIC MEANING

1. Let's stop the small talk and speak to the issue. 잡담은 그만하고 주제에 대해 토의합시다.

2. Can you speak up? I can hardly hear you. 크게 말해 줄래? 잘 안 들려.

3. It's hard for me to speak my mind. 난 내 생각을 말하는 게 어렵더라.

4. Nice to meet you. Kelly spoke very highly of you. 만나서 반가워요. 켈리한테서 좋은 얘기 많이 들었어요.

5. It might sound crazy, but I can speak to dogs. 미친 소리처럼 들리겠지만 난 개랑 말할 수 있어.

모국어를 말하는 것 외에 [1]외국어를 구사할 때 역시 말로 하죠. 내 소유라고 확실히 말해 둔다는 의미에서 [2]임자가 있다는 뜻으로도 쓰입니다. 주체가 무생물, 예술 작품 등인 경우에는 감상하는 사람에게 말을 거는 듯 [3]인상 깊다, 감동적이다라는 의미로도 확장됩니다.

말하다
- 언어를 구사하다
- 임자가 있다, 맡다
- 인상 깊다, 감동적이다

확장 **1**　언어를 구사하다

1. I speak three languages.
   난 3개 국어를 구사해.

2. My friend speaks Dutch.
   내 친구 네덜란드어 할 수 있어.

3 He speaks English with a Korean accent.
그 사람, 한국식 억양으로 영어 해.

임자가 있다/맡다

1 She's spoken for.
걔 임자 있어/남자친구 있어.

2 This seat is spoken for.
이 자리 임자 있어요.

인상 깊다/감동적이다

1 Picasso's paintings speak to me.
난 피카소 작품들이 인상적이더라.

2 Her poetry really speaks to me.
그 사람 시가 너무 감동적이야.

3 Pop songs from the 70s speak to me.
난 70년대 팝송이 좋아.

speak의 기타 용법

1 Geographically speaking, Korea is in East Asia.
지리적으로 볼 때 한국은 동아시아에 위치해 있다.

▶ **Geographically speaking** 지리적으로 볼 때

2 Generally speaking, that restaurant is overrated.
일반적으로 볼 때 그 식당은 과대평가됐지.

▶ **Generally speaking** 일반적으로

3 Speaking of pets, I want another cat.
반려동물 얘기가 나왔으니 말인데, 나 고양이 한 마리 더 키우고 싶어.

▶ **Speaking of ~,** ~ 얘기가 나왔으니 말인데.

4 Getting a rich husband is killing two birds with one stone, so to speak.
돈 많은 남편을 얻는 건, 말하자면 일석이조라고 할 수 있지.

▶ **so to speak** 말하자면, 소위

5 Speak of the devil! We were just talking about you.
호랑이도 제 말 하면 온다더니. 우리 방금 네 얘기 하고 있었어.

▶ **Speak of the devil!** 호랑이도 제 말 하면 온다.

She **drives** people away.

MP3 080

UNTIL NOW (X)	그녀는 사람들을 멀리 운전하다 준다.
FROM NOW (O)	**그 사람은 (성격상) 사람들을 다 쫓아버려.**

drive
운전하다

BASIC MEANING

1 I drive a Benz. 나 벤츠 몰아.

2 Don't drink and drive. That's a universal rule.
음주 운전하지 마. 그건 누구나 지켜야 하는 법칙이야.

▶ **universal rule** 예외없이 적용되는 법칙

3 Drive safe. 운전 조심히 해.

4 I drove her to the bank.
내가 운전해서 걔 은행에 태워다 줬어.

차에 시동을 걸어 운전하게 되면 추진력이 생기죠? 그 점에서 drive는 ¹주도적으로 일을 추진하다는 의미로 확장됩니다. 차를 몰 수도 있지만 목장 인부들이라면 ²동물을 몰기도 하는데요, 몰고 가는 방향에 초점을 맞추어 보면 ³사람을 어떤 상태로 몰아넣다는 뜻도 됩니다. 또한 목적, 방향성이 뚜렷한 ⁴기부 행사, 모으기 운동이라는 의미로도 확장 가능합니다.

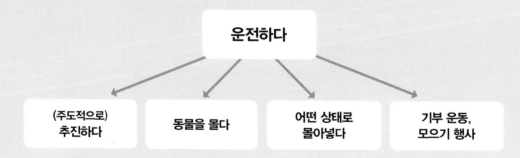

운전하다
- (주도적으로) 추진하다
- 동물을 몰다
- 어떤 상태로 몰아넣다
- 기부 운동, 모으기 행사

확장 **1** (주도적으로) 추진하다

1 He puts in a lot of overtime. He's very driven to succeed.
그 사람 시간 외 근무 되게 많이 뛰어. 성공하려고 작정했지.

2 She's a self-driven person.
그 사람 자기주도적인 사람이야.

3 Raising a self-driven child is every parent's wish.
자기주도적인 아이를 키우는 게 모든 부모의 바람이지.

확장 **2**   동물을 몰다

1   Our dog drives cattle back to the barn every evening.
우리 개가 매일 저녁 소떼를 몰아서 헛간으로 다시 들여보내.

2   Instigating people is like driving sheep, so to speak.
대중을 선동하는 건, 말하자면 양떼를 모는 것과 같아.

▸ **instigate** 부추기다, 선동하다

확장 **3**   어떤 상태로 몰아넣다

1   My boss drives me nuts.
나 직장 상사 때문에 환장하겠어.

2   My husband drives me up the wall.
남편 때문에 미치고 팔짝 뛰겠어.

▸ **up the wall** 미친, 화가 난

3
She drives people away. No one wants to be around her.
걔는 (성격 때문에) 사람들을 쫓아버려. 아무도 걔 옆에
안 있으려고 해.

4   Social outcasts can be driven to suicide.
사회적으로 왕따를 당한 사람들이 자살하기도 한다.

확장 **4**   기부 운동/모으기 행사

1   Our school is holding a food drive.
우리 학교에서 음식 기부 운동을 하고 있어.

2   We ran a coat drive for people in need.
도움이 필요한 사람들을 위해 (안 입는) 코트 기부 행사를 열었어.

3   A toy drive will be held at the community center before Christmas.
크리스마스 전에 시민 회관에서 장난감 모으기 행사가 열릴 거야.

4   The Red Cross runs a blood drive year-round.
적십자에서는 일 년 내내 헌혈 운동을 해.

My mom keeps me on **track**.

MP3 081

UNTIL NOW (X)   우리 엄마는 나를 트랙에 계속 두셔.

FROM NOW (O)   **우리 엄마는 나를 (엇나가지 않게) 잘 이끌어 주셔.**

track
(운동) 트랙

BASIC MEANING

1 I was so engaged in track and field in high school.
난 고등학생 때 육상을 되게 열심히 했었어.
▶ **track and field** 육상

2 Speaking of short track, Korea is the best at it.
쇼트트랙 얘기가 나와서 말인데, 그건 한국이 최고지.

육상 선수가 트랙에서 벗어나면 실격이 됩니다. 이렇듯 인생이라는 트랙에서 **1**방향을 잘 잡으면 순조롭지만 잘못 잡으면 엇나가게 되죠. 기차 역시 정해진 **2**트랙(기차 선로)을 따라 갑니다. 또 눈밭을 가로질러 가면 마치 트랙처럼 **3**발자국이 남아서 **4**추적할 수 있으며 그간의 기록을 **5**관측하다는 뜻으로까지 넓힐 수 있습니다.

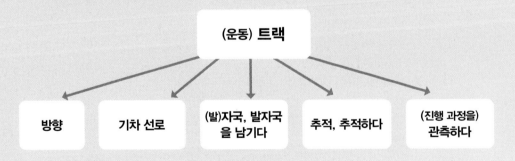

(운동) 트랙

| 방향 | 기차 선로 | (발)자국, 발자국을 남기다 | 추적, 추적하다 | (진행 과정을) 관측하다 |

방향

1 You're doing well. You're on the right track.

우 잘하고 있네. 그렇게 하는 거 맞아. (← 올바른 방향으로 가고 있어.)

2

My business is back in full swing.
Everything is back on track.

장사도 다시 예전처럼 잘 되고 모든 일이 순조로워.
(← 다시 방향을 잡았어.)

3 My mom keeps me on track.

우리 엄마가 날 잘 이끌어 주셔. (← 방향을 벗어나지 않게 해 주셔.)

4 He was involved in gangs and was off track for a while.

걔가 조직 폭력배하고 얽혀서 한동안 엇나갔었어. (← 방향에서 벗어나 있었어.)

5

He finally woke up and came back to reality.
Now he's back on track.

걔가 드디어 정신을 차리고 현실을 자각하더니
지금은 다시 예전으로 돌아왔어.

▶ **wake up** 정신 차리다

6 She has a one-track mind.

그 사람은 생각이 한쪽으로 치우쳤어.

기차 선로

1 The train tracks cut across the town.

기찻길이 동네를 가로질러 가.

2

The train for New York is on track 8.

뉴욕행 기차는 8번 선로입니다.

(발)자국/발자국을 남기다

1 **A rabbit left tracks in the snow.**
토끼가 눈 위에 발자국을 남겼어.

2 **My dog tracked mud into the living room.**
우리 개가 진흙 자국을 남기면서 거실까지 들어왔어.

확장 **4** 추적/추적하다

1 **A fox is tracking a rabbit.**
여우가 토끼를 쫓고 있어.

2 **I had so much fun that I lost track of time.**
너무 재있어서 시간 가는 줄도 몰랐어. (←시간을 추적하는 걸 놓쳤어.)

3

I'm losing track of my age.
이젠 내 나이가 몇인지도 모르겠어.

4 **What day is it today? I lost track of the days.**
오늘이 무슨 요일이지? 요일도 잘 모르겠네.

5 **You can track your shipment with the tracking number.**
추적 번호로 배송 조회를 할 수 있어.

6

Hansel and Gretel left breadcrumbs on the ground so they could track their way back home.
헨젤과 그레텔은 집으로 돌아갈 길을 표시하기 위해 땅바닥에 빵 부스러기를 떨어뜨렸다.

(진행 과정을) 관측하다

1 I've been tracking the price of rice for over a year. It keeps going up.

내가 일 년 넘게 쌀 가격을 계속 관측하고 있는데 계속 오르네.

2

My doctor tracked my health records for potential heart disease.

의사 선생님이 심장 질환 가능성을 보려고
내 건강검진 기록을 훑어보셨어.

We have so much to **catch** up on.

MP3 082

UNTIL NOW (X)   우리, 잡을 것들이 많아.

FROM NOW (O)   **우리, 할 얘기/그동안 못했던 얘기가 태산이야.**

catch
잡다

BASIC MEANING

1 Catch me if you can.
나 잡아 봐~라.

2 Let's place a bucket here to catch the dripping water. (천정에서) 물 떨어지는 것 받게 양동이 여기다 놓자.

3 There was a big school of fish, but I didn't catch any. 큰 물고기 떼가 있었는데 난 한 마리도 못 잡았어.

잡다는 우리말로도 영어로도 의미가 많이 비슷합니다. 열심히 노력해 **¹**속도·실력을 따라 잡다도 catch이고, **²**교통수단을 잡아서 타다, 누군가의 시선을 잡아서 **³**관심·주의를 끌다도 catch입니다. 이뿐 아니라, 그동안 못했던 일을 따라잡아 **⁴**만회·보충하다도 역시 catch의 의미 확장에 포함됩니다.

```
              잡다
     ┌────────┬────────┬────────┐
  속도·실력을  교통수단을 잡아타다  관심·주의를 끌다  만회·보충하다
   따라잡다
```

확장 **1**   속도·실력을 따라잡다

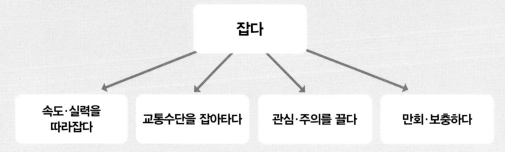

¹
You can go. I'll catch up with you later.
먼저 가. 나는 나중에 따라 갈게.

2 When it comes to math, she's on another level. No one can catch her.
수학에 관해서는, 걔는 아예 수준이 달라. 아무도 걔를 못 따라잡아.

3 He ran super-fast. I couldn't catch up.
걔가 너무 빨리 달려서 내가 따라잡을 수가 없었어.

확장 2 교통수단을 잡아타다

1 I have to catch a train at four.
4시에 기차 잡아타야 해.

2 We might be late. Let's catch a taxi.
늦겠다. 택시 잡아타고 가자.

확장 3 관심·주의를 끌다

1 This style is really catching on.
이 스타일 진짜 유행이야.

2 Her diamond ring caught my eye.
그 사람 다이아몬드 반지에 눈이 가더라고.

3 He didn't catch her attention.
그 여자가 그 남자한테 관심 안 두더라.

> **PLUS** **catchy** 사람의 마음을 끄는, 매력 있는, 기억하기 쉬운
>
> ❶ This song is catchy. 이 노래 귀에 확 꽂히네.
> ❷ The chorus of this song is very catchy.
> 이 노래 후렴구 진짜 귀에 확 꽂힌다.
>
> ▸ **chorus**(코러스) 후렴구

확장 4 만회하다/보충하다

1 We haven't seen each other for ages. We have so much to catch up on.
우리 못 본 지 엄청 오래됐잖아. 할 얘기가 태산이야. (← 못 본 시간만큼 보충해야 할 게 너무 많아.)

2

It was nice to catch up with an old friend.
오랜 친구랑 간만에 만나서 너무 좋았어.

3 I need to catch up on my sleep.
그동안 못 잤던 잠을 좀 자야겠어.

4 I spent my evening catching up on emails.
저녁에 그동안 못 읽었던 이메일 읽었어.

5 I have news to catch up on this evening.
오늘 저녁에 봐야 할 뉴스가 있어.

확장 5 catch의 기타 용법

1 We were caught in a monsoon in Nepal.
네팔에서 장마 때문에 꼼짝 못하고 있었어.

▸ **be caught** 예상 밖의 상황에 처하게 하다

2

The severe amount of snow caught us by surprise.
뜻밖에도 눈이 정말 엄청 심하게 와서 아무데도 못 가고 갇혀 있었어.

3 Their house caught on fire. 그 사람들 집에 불났어.

4 I caught the flu. 나 독감 걸렸어.

▸ **catch** 병에 걸리다

5 Do you want to catch a movie? 영화 볼래?

6 I caught myself biting my nails again.
내가 또 (나도 모르게) 손톱을 물어뜯고 있는 걸 자각했어.

▸ **catch** 발견하다, 목격하다

We're going to Disneyland for spring **break**.

MP3 083

UNTIL NOW (X)	우리는 봄이 깨지기 위해 디즈니랜드에 간다.
FROM NOW (O)	**우리, 봄 방학에 디즈니랜드 간다.**

break
깨다

BASIC MEANING

1 The glass window broke into a million pieces.
유리창이 산산조각 났어.

2 Breakfast is a combination of the words "break" and "fast."
Breakfast(아침 식사)라는 단어는 'break(깨다)'와 'fast(단식)'를 연결시킨 단어이다.

깨지고 깨는 건 물건뿐 아니라 **1** 사람과의 관계 혹은 재정 상태가 무너지는 것도 포함합니다. 멀쩡하던 것에 균열이 생긴다는 의미에서 **2** 신체적, 정신적 건강의 문제를 나타내기도 해요. 물건이 깨지면 잘게 부서지는 것처럼 break는 **3** 세부적인 정리, 분류의 뜻으로도 쓰일 수 있습니다. 또한 하던 일의 흐름을 깨고 잠시 **4** 휴식을 갖다, **5** 정해진 규율이나 틀, 흐름을 깨다란 의미로도 확장될 수 있어요.

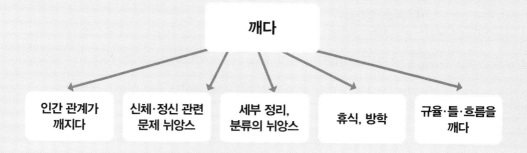

깨다 → 인간 관계가 깨지다 / 신체·정신 관련 문제 뉘앙스 / 세부 정리, 분류의 뉘앙스 / 휴식, 방학 / 규율·틀·흐름을 깨다

확장 **1** 인간 관계가 깨지다 (break up (with)의 형태로)

1 We broke up.
우리 헤어졌어.

2 I broke up with my business partner.
동업자랑 결별했어.

1 **My neighbor's dog bit me, but it didn't break my skin.**
이웃집 개한테 물렸는데 그래도 피부는 안 찢어졌어.

> ▸ **break one's[the] skin** 피부가 찢어지다

2 **His fever broke.**
걔 열이 났어.

3 **My legs broke out in a rash.**
다리에 발진이 돋았어.

> ▸ **break out in** ~이 생기다, (갑자기) ~이 잔뜩 나다

4 **I'm having an acne breakout on my face.**
나, 얼굴에 여드름 났어.

5 **His voice started to break when puberty hit.**
걔 사춘기가 시작돼서 이제 막 변성기가 왔어.

> ▸ **voice break** (목소리가) 갈라지다, 변성기가 되다(변성기, 또는 단순히 목소리가 갈라질 때 쓰임)

6

She broke her arm in two places.
그 사람 팔 두 군데 부러졌대.

> ▸ **break+신체 부위** 해당 부위가 부러지다

7 **She broke into tears.**
걔 울음이 터졌어.

> ▸ **break into tears** 울음이 터지다

PLUS **emotional/mental breakdown** 감정적/정신적 붕괴

❶ **She had an emotional breakdown after her mom passed away.** 걔네 엄마 돌아가시고 나서 걔 엄청 슬퍼했어.

❷ **I'm having a mental breakdown because my boyfriend broke up with me.** 나, 남친한테 이별 통보받아서 멘탈이 나간 상태야.

확장 **3** 세부 정리/분류의 뉘앙스

1 **We should break up the topic into several categories.**
주제를 카테고리별로 분류하는 게 좋겠어.

2 **Can you break this ten-dollar bill into a five and ones, please?**
이 10달러 지폐를 5달러 한 장이랑 1달러짜리들로 바꿔 주실 수 있나요?

휴식/방학

1 I need a break.
좀 쉬어야겠어.

2 We're going to Disneyland for spring break.
우리, 봄방학에 디즈니랜드 간다.

3
How about a coffee break?
잠깐 커피 마시면서 쉬는 거 어때요?

규율·틀·흐름을 깨다

1 The company broke the law by hiring underage workers.
그 회사가 미성년자들을 고용하는 불법을 저질렀다.

2 Someone broke into her house last night.
어젯밤에 누가 그 사람 집에 들어왔었대.

3 He kept breaking into our conversation.
걔가 자꾸만 우리 대화에 끼어들더라고.

4 Only a prince's kiss can break the spell.
오직 왕자님의 키스만이 저주를 풀 수 있어요.

5 He broke several world records in track and field.
그 사람이 육상에서 세계 신기록 몇 개를 깼어.

6 She broke her promise.
걔가 약속을 어겼어.

The city bus **runs** every fifteen minutes.

MP3 084

UNTIL NOW (X) 시내 버스는 15분마다 달린다.

FROM NOW (O) **시내 버스는 15분 간격으로 운행된다.**

run
달리다

BASIC MEANING

1 I run every morning.
   난 매일 아침 달리기를 해.

2 I can run 100 meters in 12 seconds.
   난 100미터 12초에 뛸 수 있어.

달리려면 힘도 있어야 하고 속도도 유지해야 합니다. 달리기의 추진력 면에서 확대해 보면 [1]사업체 운영, 교통 운행과 관련이 있고요, 달리는 과정의 흐름 면에서 보면 [2]액체 등의 흐름, 지속성 면에서 보면 [3]진행 과정의 상태로 그 의미를 확장할 수 있습니다.

달리다

사업체를 운영하다, (교통을) 운행하다 · (액체 등이) 흐르다 · 진행되다, 계속되다

확장 **1**   사업체를 운영하다/(교통을) 운행하다

1 I run a bakery.
   난 제과점을 하나 운영해.

2 Her bakery is running out of business.
   그 사람 제과점 망해 가고 있어. (← 운영하다가 폐업의 상태에 들어갔어.)

3 The city bus runs every fifteen minutes.
   시내 버스는 15분 간격으로 운행된다.

4 The subway stops running at 11 p.m.
   지하철은 밤 11시에 운행을 마친다.

확장 2 (액체 등이) **흐르다**

1 This river runs to the sea.
이 강은 바다로 흘러 들어간다.

2 I caught a cold, and my nose is running.
나 감기 걸려서 콧물이 줄줄 흘러.

3 Artistic talent runs in her blood.
걔한테는 예술가의 피가 흐른다니까.

확장 3 **진행되다/계속되다**

1 I'm running late this morning.
오늘 아침에 준비가 늦어지고 있어.

2 The English course runs for three months.
영어 수업은 3개월 과정으로 진행됩니다.

3 "The Phantom of the Opera" has been running on Broadway for more than 30 years.
〈오페라의 유령〉은 브로드웨이에서 30년 이상 계속되고 있다.

확장 4 **run의 기타 용법**

1

He's running for mayor.
그 사람 시장 선거에 출마해.

▶ **run for** ～에 출마하다

2 We were heading to the beach, but we ran out of gas.
바닷가로 가던 중에 차에 기름이 떨어졌어.

▶ **run out of** ～이 떨어지다

3 Can I call you back? I'm running some errands.
내가 이따가 다시 전화해도 될까? (집안일, 심부름 등) 지금 볼일 좀 보고 있거든.

▶ **run errands** 심부름을 하다, 볼일을 보다

I got **excused** from the class for my doctor's appointment.

MP3 085

UNTIL NOW (X)   병원에 가야 해서 수업에서 핑계를 당했어.

FROM NOW (O)   **병원에 가야 해서 수업 면제받았어.**

excuse
변명/사과/핑계

BASIC MEANING

1 Oh, excuse me. I didn't mean to cut you off.
어머, 죄송해요. 제가 본의 아니게 말을 끊었네요.

2 That's a sorry excuse. 변명 참 궁색하다.

3 No more excuses, please. 더 이상 변명하지 마.

4 She always uses her kids as an excuse to leave early. 그 사람은 항상 애들 핑계 대고 일찍 가.

5 What a perfect excuse! 그만한 핑계도 없지!

6 Your headache is a convenient excuse.
넌 두통 있다고 하면 되니 얼마나 편리하니.

[1]양해를 구할 때 혹은 실례를 범했을 때 사과하는 과정에서 자신의 상황을 설명하느라 변명이나 핑계를 대기도 합니다. 이유나 변명이 그럴 듯하면 비난이나 처벌 등을 [2]면제받거나, 어떤 일을 하도록 허가받기도 합니다. 회화에서는 상대방의 말을 잘 못 들어서 다시 [3]되물을 때도 쓰여요.

변명, 사과, 핑계

양해하다, 실례하다 | 면제하다, 허가하다 | Excuse me? 되물을 때

확장 **1**   양해하다/실례하다

1 Excuse me.
실례하겠습니다/잠시만요/(상대방의 주위를 끌 때) 저기요.

2 Excuse us.
(나를 포함 두 명 이상일 때) 저희 잠시만 지나갈게요.

3 Can I be excused, please?
저는 그만 가 봐도 될까요?

Would you excuse us?

(우리 얘기 좀 하게) 자리 좀 비켜 주실래요?

확장 2 면제하다/허가하다

1 **We'll excuse you from jury duty this time.**
이번엔 배심원 참석의 의무에서 제해 드리겠습니다.
▶ 미국은 배심원 참석이 의무입니다.

2 **I got excused from the class for my doctor's appointment.**
병원에 가야 해서 수업 면제받았어.

3 **Some men try their best to be excused from military drill.**
예비군 훈련 안 나가려고 기를 쓰는 남자들도 있어.

확장 3 되물을 때 (Excuse me?의 형태로)

1 **Excuse me?**
(잘 못 들었을 때) 다시 한 번 말씀해 주시겠어요?
(상대방 말이 기가 막힐 때) 뭐라고요?/어디 한번 다시 말해 봐요.

2

Excuse me? I missed what you just said.

다시 한 번 말씀해 주시겠어요?
방금 뭐라고 하셨는지 못 들어서요.

Do you have a pen **handy**?

MP3 086

UNTIL NOW (X)   손재주 있는 볼펜 있어?

FROM NOW (O)   **옆에 볼펜 있어?**

handy
손재주 있는

BASIC MEANING

1 MacGyver is handy.
맥가이버는 손재주가 좋아.

2 My husband isn't handy, so I called a
handyman to fix our toilet.
우리 남편이 손재주라고는 없어서 수리공 불러서 변기 고쳤잖아.

손재주가 있는 사람은 [1]도움이 되기 마련입니다. 도움이 되는 사람이나 사물을 [2]곁에 가까이 두면 [3]편리하고 유용하죠. 이 handy는 필요없다고 생각했던 것이 나중에 쓰임을 발휘할 때도 활용할 수 있습니다.

손재주 있는

도움이 되는,
나중에라도 쓰이는

가까운 곳에 있는

편리한, 유용한

확장 1   도움이 되는/나중에라도 쓰이는 (come in handy의 형태로)

1 My son is handy around the house. He can fix almost
everything.
우리 아들은 이런저런 집안 잔손질에 도움이 많이 돼. 웬만한 건 걔가 다 고칠 수 있거든.

2 Don't throw that away. It might come in handy one day.
그거 버리지 마. 두면 나중에 쓸지도 모르는데.

▶ **come in handy** 쓸모가 있다, 도움이 되다

3 My mom thinks everything might come in handy one day, so she stores everything.

우리 엄마는 뭐든 두면 다 쓸 데가 있다고 생각해서 죄다 쟁여 놔.

4
I didn't expect this old teapot would come in handy.

이 낡은 찻주전자가 이렇게 유용하게 쓰일 줄은 몰랐네.

확장 2 가까운 곳에 있는

1
I'll give you his number.
Do you have a pen handy?

(통화하면서) 내가 걔 전화번호 줄게. 옆에 볼펜 있어?

2 Always keep a first-aid kit handy.

구급상자는 늘 가까운 곳에 둬.

3 Keep your ID card handy.

신분증 바로 꺼낼 수 있게 준비해 둬.

4 She always keeps pepper spray handy just in case.

걔, 혹시 몰라서 항상 호신용 스프레이를 가지고 다녀.

▶ **pepper spray** 호신용 분사 액체

확장 3 편리한/유용한

1 Swiss Army knives are very handy.

맥가이버 칼 되게 유용해.

▶ **Swiss Army knife** 다양한 종류의 날들이 여러 개 달려 접게 되어 있는 작은 칼(일명 맥가이버 칼)

2 We have a handy storage area in the hallway.

우리 집 복도에 수납 공간이 있어서 편리해.

3 Here's a handy tip for getting rid of odor from shoes.

이거 신발 고린내를 없애는 유용한 팁이야.

I'm in good **hands**.

MP3 087

UNTIL NOW (X)   나는 좋은 손 안에 있어.

FROM NOW (O)   **내가 마음이 놓인다/믿음이 가네.**

hand
손

BASIC MEANING

1 I'm left-handed. 난 왼손잡이야.

2 You can't clap with one hand.
   손바닥도 부딪쳐야 소리가 난다. (← 한 손으로는 박수를 못 친다.)

3 Dogs shouldn't bite the hand that feeds them. 개도 자기한테 밥 주는 사람 손은 안 물어.

4 He came back empty-handed.
   그 사람 빈손으로 돌아왔어.

손의 역할은 뭔가를 잡거나 쥐는 것입니다. 이 의미를 확장하면 [1]소유권이 되지요. 뭔가를 손에 쥐고 소유하면 그에 따르는 책임이 있게 마련인데, 어떤 일이 발생했을 때 그 책임을 감당할 수 있는지의 여부 역시 확장된 의미에 포함됩니다. 또 손을 내밀다, 손을 잡다는 뜻에서는 [2]도움, 신뢰의 의미로도 넓어집니다.

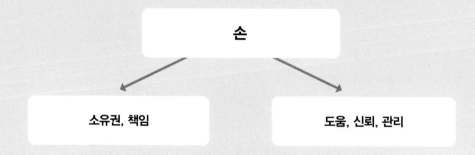

손

소유권, 책임

도움, 신뢰, 관리

확장 **1**   소유권/책임

1 Our company is about to change hands.
   우리 회사 곧 운영자가 바뀌게 생겼어.

   ▶ **change hands** 주인이 바뀌다

2 Since this restaurant changed hands, the food tastes terrible.
   이 식당은 주인이 바뀌고 나서는 음식이 진짜 맛없어.

3 The decision is in my hands.
   나한테 결정권이 있어.

4 I left the project in his hands.
내가 그 사람한테 프로젝트 맡겼어.

확장 2 도움/신뢰/관리

1 Do you need a hand? 도와줄까?

2 Can you give me a hand? 나 좀 도와줄래?

3

The teachers at the school are awesome.
Our kids are in good hands.
학교 선생님들이 정말 좋으셔. 우리 애들을 믿고 맡길 수 있다니까.

▸ **in good hands**
(믿을 만한/좋은 사람에게 맡겨져서) 안심할 수 있는

4 Don't worry and enjoy your trip. Your dog is in good hands with me.
걱정하지 말고 여행 잘 다녀와. 네 개는 내가 잘 돌봐주고 있을게.

5 My mom manages my paycheck. My money is in safe hands.
내 월급은 우리 엄마가 관리해 주시니까 안전하지.

확장 3 hand의 기타 용법

1 Analog clocks have hour hands and minute hands.
아날로그 시계에는 시침과 분침이 있다.

▸ **hand** 시계 바늘

2 I played Go-Stop today, and I kept getting good hands.
오늘 고스톱 쳤는데 패가 계속 잘 들어왔어.

▸ **hand** (카드놀이에서의) 패

3 I don't buy anything second hand.
난 중고품은 절대 안 사.

▸ **second hand** 중고의

4 The economy is getting out of hand.
경제가 손을 쓸 수 없을 정도로 나빠지고 있어.

▸ **get out of hand** (손을 쓸 수 없게) 과도해지다, 감당할 수 없게 되다

5 Gas prices have gotten out of hand.
기름 값이 미친듯이 올랐어.

All your efforts **paid** off.

MP3 088

UNTIL NOW (X)   너의 모든 노력이 돈을 지불했어.

FROM NOW (O)   **네가 그렇게 노력한 보람이 있었네.**

pay
지불하다

BASIC MEANING

1 How would you like to pay? 뭘로 지불하시겠습니까?

2 I'd like to pay in cash. 현금으로 낼게요.

3 Can I pay in advance? 선불로 내도 될까요?

4 Can you pay for me? I'll pay you back tomorrow. 내 것 좀 대신 내 줄래? 내일 갚을게.

5 I paid a fine for a parking ticket. 불법 주차 벌금을 냈어.

6 I paid $3,000 down, and $1,000 a month for rent. 보증금 3천 달러에 월세 천 달러씩 냈어.

   ▶ **pay down** 계약금[보증금]을 지불하다

7 It took me ten years to pay off my student loan. 학자금 대출 갚는 데 10년 걸렸어.

   ▶ **pay off** ~을 다 갚다

물건을 구입하고 돈을 지불한다는 의미를 확장해 보면 내 선택에 대한 [1]대가를 치르다 혹은 역으로 [2]보상을 받다는 뜻으로도 볼 수 있습니다. 그렇지만 그 수단이 반드시 돈만은 아니라서 노력, 보람 등으로 확장 범위가 넓어집니다. 명사로는 [3]급여라는 뜻으로도 쓰여요.

지불하다

대가를 치르다   보상받다   급여

확장 **1**   대가를 치르다

1 He paid for his crime. 그 사람 죗값을 치렀어.

2 She insulted me. She'll have to pay for this.
그 사람이 나를 모욕했어. 그 대가를 꼭 치러야 할 거야.

3 Can I skip my piano lesson today? I'll pay you back for it.
오늘 피아노 레슨 안 가면 안 돼요? 대신 뭐든 할게요. (← 그것에 대한 대가를 치를게요.)

4 If you abuse your body now, you'll pay the price when you're old. 지금 몸 혹사시키면/막 쓰면 나중에 나이 들어서 고생한다.

확장 2 보상받다

1 All your efforts paid off.
네가 그렇게 노력한 보람이 있구나. (← 네 노력이 보상을 받았구나.)

2 Your time studying now will pay off someday.
지금 공부에 들인 시간은 언젠가 보상받을 거야.

3

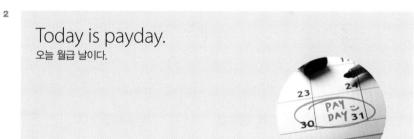

If you enjoyed our trip, it paid off.
네가 여행이 즐거웠다면 그걸로 됐어.
(← 그걸로 보상이 됐어.)

확장 3 급여

1 The pay scale for my job ranges up to $80,000.
직장에서 내가 받을 수 있는 최대 연봉은 8만 달러야.

2

Today is payday.
오늘 월급 날이다.

3 Did you get your paycheck?
월급 받았어?

He's a lot of **work**.

MP3 089

UNTIL NOW (X)   그는 많은 일이야.

FROM NOW (O)   **그 사람은 손이 많이 가.**

work
일하다/직장

BASIC MEANING

1 She works full-time at a doctor's office.
그 사람 (개인) 병원에서 종일 근무해.

2 He works around the clock. 그 사람 밤낮으로 일해.

3 I work my butt off. 나 진짜 뼈 빠지게 일해/죽어라 일해.

4 I drive to work. 나 회사에 차 몰고 가.

5 I met some nice people at work.
회사에서 좋은 사람들 몇 명 만났어.

work의 주체가 사람이면 일하다, 기계 등의 사물이면 ¹작동하다입니다. 더 넓은 의미에서는 일에 들어가는 ²노력과 그 결과물도 포함됩니다. 일을 하려면 몸을 움직여야 한다는 점에서 ³운동, ⁴손이 많이 가는 사람·작업 역시 일의 일종으로 볼 수 있어요.

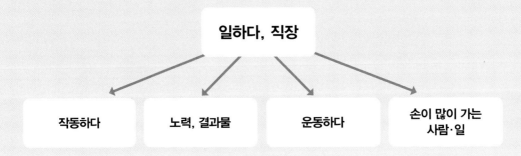

일하다, 직장

작동하다 | 노력, 결과물 | 운동하다 | 손이 많이 가는 사람·일

확장 **1**   작동하다

1 Our washing machine stopped working.
우리 세탁기가 작동이 안 돼.

2 My phone is five years old, but it works fine.
내 전화기는 5년 됐는데, 아직도 멀쩡히 잘 돼.

노력/결과물

1 I put a lot of work into this project.
   내가 이 프로젝트에 얼마나 공을 들였다고.

2 I think he earned his grades through sheer hard work.
   걔, 오로지 노력만으로 성적을 딴 것 같아.

운동하다 (work out의 형태로)

1 I work out every morning before I go to work.
   난 매일 아침 회사 가기 전에 운동해.

2 Do you work out at home or at the gym?
   너 집에서 운동해, 아니면 헬스클럽 가서 해?

손이 많이 가는 사람/일

1 He's a lot of work.
   걔, 진짜 손 많이 가.

2 Babies are lots of work.
   애기들은 손이 많이 가.

3 Taking care of an old house is such work.
   낡은 집 관리하는 게 얼마나 손이 많이 가는데.

work의 기타 용법

1 Our marketing team worked miracles.
   우리 마케팅팀이 엄청나게 좋은 성과를 냈어.

   ▶ **work** (결실을) 가져오다

2 He worked his way up to vice-president of his company.
   그 사람 노력해서 부사장까지 올라갔어.

   ▶ **work** 노력하다

3 Your plan didn't work.
   네 계획대로 했는데 잘 안 됐잖아.

   ▶ **work** 효과가 있다

4 Let's have dinner together. Does this Saturday work for you?
   같이 저녁 먹자. 이번 주 토요일 시간 돼?

5 I tried this on, but it didn't work for me.
   이거 입어 봤는데 안 맞네요/별로네요.

My hands **are burning** from rope burn.

MP3 090

UNTIL NOW (X)	밧줄이 타면서 내 손이 타고 있어.
FROM NOW (O)	**줄에 손이 쓸려서 엄청 쓰라려.**

burn

타다/태우다/화상

BASIC MEANING

1 The building burned to the ground.
불이 나서 건물이 아예 재가 됐어.

> ▶ **to the ground** 완전히, 아주

2 Planks burn lots of calories.
플랭크 운동 하면 칼로리가 많이 소모돼. (← 칼로리를 많이 태워.)

3 She has money to burn.
그 사람 (태워도 상관없을 만큼) 돈이 많아.

4 I got a sunburn. 햇빛에 살이 탔어. (일광화상)

5 He got a first-degree burn. 걔 1도 화상 입었어.

6 The carpet at the motel was covered with cigarette burns. 모텔 카펫이 담뱃불 자국으로 뒤덮였어.

아픔을 묘사할 때 '타는 듯이 아프다'라고 말합니다. 타다란 뜻의 burn은 자극이 심한 음식을 먹거나 날씨가 너무 덥거나 몸에 상처가 나서 [1]화끈거리고 쓰라린 것이 마치 불에 데인 것 같은 느낌이 들 때도 씁니다. 우리말에 '열불나다' 처럼 [2]열받거나 화가 날 때도 불이 난 것과 비슷한 상태가 되죠. 또 불에 완전히 전소되면 다시 돌이킬 수 없는 상태가 되는데, 이 모든 경우의 수가 burn의 의미 안에 포함됩니다.

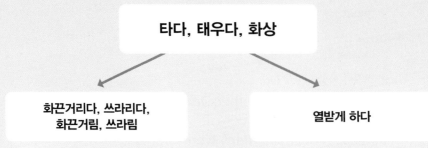

타다, 태우다, 화상

화끈거리다, 쓰라리다,
화끈거림, 쓰라림

열받게 하다

화끈거리다/쓰라리다/화끈거림/쓰라림

1 **This is so hot. My mouth is burning.**
이거 너무 뜨거워/매워. 입안이 얼얼하네.

2 **My lips are burning.**
입술이 화끈거려.

3 **I have a rash. It's burning.**
발진/종기가 났는데 쓰라리네.

4 **My hands are burning from rope burn.**
줄에 손이 쓸려서 엄청 쓰라려.

5

I have razor burn.
면도를 잘못해서 얼굴이 화끈거려/시뻘개졌어.

6 **He gets heartburn. He can't eat anything spicy.**
그 사람 속쓰림이 있어서 매운 거 못 먹어.

열받게 하다

1 **My boss really burns me up.**
나 직장 상사 때문에 진짜 열받아.

▶ **burn someone up** ~를 열받게 하다

2 **My family doesn't give me any credit for all the housework I do. They burn me up.**
내가 집안일을 다 하는데도 식구들이 아무도 안 알아줘. 식구들 때문에 열받는다니까.

PLUS **burn one's bridges with** ~와의 관계를 돌이킬 수 없게 망치다

❶ **She burned her bridges with me.**
그 사람이 나와의 관계를 완전 (다시 돌이킬 수 없게) 망쳐 놨어.

❷ **My husband cheated on me. He burned his bridges with me.** 남편이 바람을 피웠어. 나랑 그 사람은 이제 끝이야.

❸ **Don't burn your bridges with your boss. You might need his help someday.**
직장 상사와 돌이킬 수 없는 관계를 만들지 마. 나중에 그 사람 도움이 필요할지도 모르잖아.

You **name** it.

MP3 091

UNTIL NOW (X)	네가 그것의 이름을 지어.
FROM NOW (O)	**말만 해/많지 뭐.**

name
이름(을 짓다)

BASIC MEANING

1 What should we name our baby?
우리 아기 이름 뭘로 할까?

2 We named our daughter after my grandma.
우리 할머니 이름을 따서 딸아이 이름을 지었어.

3 Is there anybody named Jenny here?
여기 제니라는 분 계신가요?

4 My name is one of the most common in France. 내 이름은 프랑스에서 가장 흔한 이름 중 하나야.

5 I paid a lot to change my legal name.
내 법적 이름 개명하는 데 돈 많이 들었어.

누군가에게 이름을 지어 주어야 그 이름으로 불릴 수 있죠. 유명해지면 이름 자체가 브랜드가 되기 때문에 name은 ¹유명인, 유명 브랜드의 의미로도 확장될 수 있습니다. 하지만 반대로 안 좋은 이름은 욕이 될 수도 있죠. 열거하듯 ²이름을 대거나 원하는 것을 이름을 대듯 콕 집어 말하는 것 역시 name의 의미에 포함됩니다.

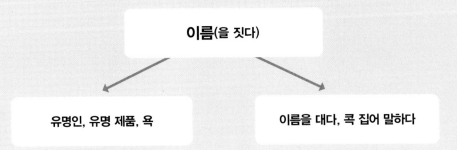

이름(을 짓다)

유명인, 유명 제품, 욕   이름을 대다, 콕 집어 말하다

확장 **1**   유명인/유명 제품/욕

1 Are there any big names in this movie?
그 영화에 유명한 배우 나와?

2 Chanel is a big brand name.
샤넬은 유명한 브랜드야.

3

The party was full of brand name guests.
파티에 유명인들 엄청 왔더라.

4 She's one of the top names in the States.
그 사람, 미국에서 이름만 대면 다 아는 사람 중 하나야.

5 He called me names. He called me an idiot.
쟤가 나한테 욕했어. 나한테 멍청이라고 했단 말이야.

▶ **call someone names** ~에게 욕하다

확장 **2** 이름을 대다/콕 집어 말하다

1

Name two words that start with A.
A로 시작하는 단어 두 개를 대시오.

2 Apple, alien… You name it.
애플도 있고 에일리언도 있고… 뭐 많지.

▶ **You name it.** 종류가 많다

3 Where do you want to go for dinner? You name it.
저녁 어디 가서 먹고 싶어? 말만 해.

▶ **You name it.** 말만 해. (네가 골라.)

Different countries have different **diets**.

MP3 092

UNTIL NOW (X)   나라마다 다이어트 방법이 다르다.

FROM NOW (O)   **나라마다 주식이 다르다.**

diet
식생활/식단/주식

BASIC MEANING

1 Different countries have different diets.
나라마다 식생활/주식이 다르다.

2 Rice is a staple of the diet in East Asia.
동아시아 식단에서 기본 주식은 쌀이다.

3 I'm trying to reduce sugar in my diet.
식단에서 설탕을 줄이려고 하고 있어.

4 He eats lots of junk food. He has such an unhealthy diet. 걔 몸에 안 좋은 정크 푸드 되게 많이 먹어.
식생활이 그렇게 안 좋을 수가 없어.

5 I should change my diet and drink more water. 식단을 개선하고 물을 더 많이 마셔야겠어.

6 I need more vitamins in my diet.
식단에 비타민 섭취를 늘려야겠어.

다른 단어와 달리, diet는 확장된 의미가 원래의 뜻을 압도한 경우입니다. 사실 diet의 원 뜻은 식생활, 식단, 주식인데, 후에 [1]체중 감량을 위해 평소 식습관을 바꾸다는 의미로 확장된 경우입니다. 또한 체중 감량뿐 아니라 건강상의 목적으로 식단을 조절하는 [2]식이요법도 모 두 포함됩니다.

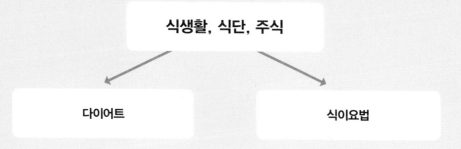

식생활, 식단, 주식

다이어트   식이요법

1 I need to drop ten pounds before my wedding. I'll be on a strict diet starting tomorrow.
결혼식 전에 10파운드 빼야 해. 내일부터 다이어트 빡세게 할 거야.

2 Diets always start tomorrow and never today.
다이어트는 항상 내일부터 시작이지. 오늘부터 시작하는 경우는 절대 없어.

3

I've been dieting for three weeks.
난 3주째 다이어트 중이야.

4 There are so many types of diets. Keto diet, coffee diet, high fat diet… You name it.
다이어트 종류야 엄청 많지. 키토 다이어트, 커피 다이어트, 고지방 다이어트… 뭐 많아.

확장 **2** 식이요법

1

My doctor put me on a low-sodium diet.
의사 선생님이 나더러 저염식을 하래.

2 He has acid reflux, so he has to be careful with his diet.
그 사람 역류성 식도염이 있어서 식이요법에 굉장히 신경 써야 해.

3 My dad is a diabetic, so his doctor put him on a strict diet.
우리 아빠가 당뇨라 의사 선생님이 식단 철저히 지키라고 하셨어.

4 She can't digest gluten, so she's on a gluten-free diet.
걔는 글루텐 소화 못 시켜서 글루텐 안 들어간 음식만 먹어.

What time **suits** you best?

MP3 093

UNTIL NOW (X) 　넌 몇 시에 정장 입으면 제일 멋있어?

FROM NOW (O) 　**넌 몇 시가 제일 편해?**

suit
정장/기능성 옷

BASIC MEANING

1 I don't have to wear a suit at work.
　나 회사에서 정장 안 입어도 돼.

2 I need a new swimsuit.
　수영복 새로 사야 해.

3 Astronauts wear spacesuits.
　우주 비행사들은 우주복을 입어.

4 It's funny that a naked body is called a birthday suit.
　알몸을 '태어날 때 입는 옷'이라고 한다는 게 웃긴다.

suit는 기능에 따라 입는 옷을 뜻합니다. 업무상 입는 옷은 business suit(정장), 수영할 때 입는 옷은 swimsuit(수영복)죠. 어떤 옷이든 몸에 **1**잘 맞아야 편안하고, 나에게 어울려야 입었을 때 자신감이 생기겠죠. 또한 옷이 잘 맞듯 시간이나 물건이 내 상황이나 **2**필요에 맞으면 편리하게 느낄 겁니다. 한편 회사에서 정장을 입고 책상에 앉아 일하는 사람들을 보면 하는 행동들이 거의 비슷해 보입니다. 여기서 행동을 같이 하다란 뜻으로도 확장돼 쓰입니다.

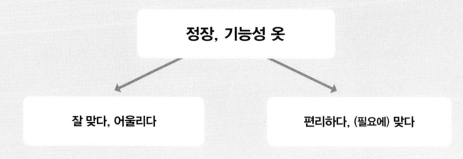

정장, 기능성 옷

잘 맞다, 어울리다

편리하다, (필요에) 맞다

확장 **1** 　잘 맞다/어울리다

1 Her name doesn't suit her.
　걔 이름이 걔랑 안 어울려.

2 Don't you think the name "Pumbaa" perfectly suits my dog?
　품바라는 이름이 내 개한테 완전 딱인 것 같지 않니?

3

This dress doesn't suit me.
이 드레스 나한테 잘 안 맞아/안 어울려.

4 The weather in Hawaii suits me. Actually, it suits everybody.
나한테는 하와이 날씨가 딱이야. 하긴 누군한테든 딱이지.

확장 2 편리하다/(필요에) 맞다

1 What time suits you best?
넌 몇 시가 제일 편해?

2

It's important to choose a computer to suit your particular needs.
네 필요에 맞는 컴퓨터를 고르는 게 중요해.

PLUS **strong suit** 강점, 자신 있는 분야

❶ History is his strong suit.
그 사람, 역사에 강해.

❷ Math is not my strong suit.
난 수학은 영 자신 없어.

❸ Patience isn't my mom's strong suit.
우리 엄마는 잘 못 참으셔. (← 인내심은 우리 엄마의 강점이 아니야.)

PLUS **follow suit** 행동을 같이 하다

❶ If one store reduces prices, the rest tend to follow suit.
한 가게에서 가격을 인하하면 나머지 다른 가게들도 따라서 내리는 경향이 있지.

❷ Most companies are laying off employees now, and we're just following suit.
대부분의 회사가 직원들을 정리 해고 중이고, 우리 회사도 행동을 같이 하고 있어.

Blind faith can be dangerous.

MP3 094

UNTIL NOW (X)   안 보이는 믿음이 위험할 수도 있어.

FROM NOW (O)   **맹목적인 믿음은 위험할 수도 있어.**

blind
눈먼/안 보이게 하다

BASIC MEANING

1   My cat was born blind.
우리 고양이는 눈이 먼 채로 태어났어.

2   He went blind when he was six.
그 사람은 여섯 살 때 눈이 멀었어.

3   Golden retrievers make the best service dogs for the blind.
골든 리트리버들이 시각장애인 안내견으로는 최고야.
▶ **the blind** 시각장애인들

4   I'm colorblind. 나 색맹이야.

5   Be aware of blind spots when you drive.
운전할 때 사각 지대를 조심해.

6   The sunlight blinded me.
햇빛 때문에 아무것도 안 보였어.

시력을 잃어서 앞을 보지 못하듯 blind는 꽉 막혀서 상황이나 진실을 ¹제대로 보지 못하는, 사랑이나 돈 등에 ²눈이 멀게 하는, 혹은 눈에 뵈는 게 없어 ³맹목적인의 뜻으로도 의미를 확장시킬 수 있습니다.

눈먼, 안 보이게 하다

진실이나 상황을
제대로 보지 못하는

(은유적 표현으로)
눈이 멀게 하는

맹목적인

확장 **1**   (진실이나 상황을) 제대로 보지 못하는

1   She's blind to the truth. I hope someone wakes her up.
그 사람은 진실을 못 봐. 누가 좀 일깨워 주면 좋겠어.

2   I only listened to my friend and was blind to reality.
난 내 친구 말만 듣고 뭐가 사실인지 제대로 못 봤어.

₃ I was blind to her lies.
내가 걔 거짓말을 알아채지 못했어.

확장 2   (은유적 표현으로) 눈이 멀게 하다

₁

He's blinded by love.
걘 사랑에 눈이 멀었어.

₂ Jealousy made her blind.
그 사람, 질투에 눈이 멀었어.

₃ Money made him blind.
그 사람, 돈에 눈이 멀었어.

확장 3   맹목적인

₁

Blind faith can be dangerous.
맹목적인 믿음은 위험할 수도 있어.

₂ Blind loyalty can cause gang members to kill people.
조직 폭력배들은 맹목적인 충성심으로 사람도 죽여.

확장 4   blind의 기타 용법

₁ Oh, there they are. I'm so blind.
아, 저기 있구나. 어떻게 저걸 못 봤는지.

₂ I met my husband on a blind date.
소개팅으로 남편을 만났어.

   ▶ **blind date** 소개팅

₃ Some kids turn a blind eye to school bullying.
교내 폭력을 보고도 못 본 척하는 아이들도 있어.

   ▶ **turn a blind eye to** ~을 못 본 척하다

You can't **beat** this weather.

MP3 **095**

UNTIL NOW (X)	이 날씨를 때릴 수는 없어.
FROM NOW (O)	**이렇게 날씨 좋은 데는 또 없어/ 날씨 하나는 최고야.**

beat

때리다/ 심장이 뛰다/비트

BASIC MEANING

1 He beat me up.
걔가 날 두들겨 팼어.

2 I'm beaten up.
나 두들겨 맞았어.

3 I love the drumbeat in this song.
난 이 노래에서 나오는 드럼 비트가 너무 좋아.

4 My heart beats fast from time to time.
가끔씩 내 심장이 빨리 뛰어.

싸움에서는 잘 때리는 사람이 **¹**이깁니다. 그러나 나에게 불리한 싸움/상황이라면 **²**피하는 게 이기는 것일 수도 있습니다. 또 **³**능가할 사람이 없을 만큼 잘 싸우는 사람이 이기고, 반대로 실컷 두들겨 맞고 진 사람은 **⁴**녹초가 됩니다. 이와는 별도로 쿵쿵 박자를 맞춰 때리는 비트를 말하기도 해요.

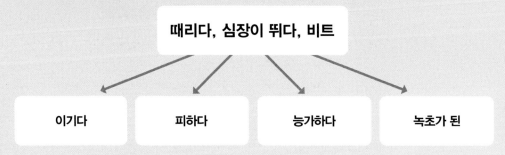

확장 **1** 이기다

1 Beth beat everyone at chess.
베스가 체스에서 모두를 이겼어.

2 I beat him in the race.
달리기 시합에서 내가 걔를 이겼어.

3 He beat his opponent in the election.
그 사람이 선거에서 경쟁자를 눌렀어.

4 We were beaten by the other team.
우리가 다른 팀한테 졌어.

확장 2 피하다

1 We better leave early to beat rush-hour traffic.
러시아워 교통체증을 피하려면 일찍 나가는 게 좋겠어.

2 We had an early dinner at the restaurant to beat the crowd.
사람들 몰릴 때 피하려고 식당에 일찍 가서 저녁 먹었어.

3

I better get my shopping done early to beat the Christmas rush.
크리스마스 때 북적거리는 거 피하려면 미리 쇼핑해 두는 게 좋겠어.

확장 3 능가하다 (주로 부정형으로)

1 You can't beat this weather.
이렇게 날씨 좋은 데 또 없어/날씨 하나는 최고야.

2 You can't beat the price.
어디 가져도 이 가격에 못 사요. (← 이 가격을 능가할 수 없어요.)

3 This house is expensive for a reason. You can't beat the location.
이 집이 비싼 데는 다 이유가 있어. 위치가 이만한 데를 찾기 힘들다니까.

4 For me, nothing beats Korean barbecue ribs.
나한테는 한국 갈비만한 음식이 없어.

확장 4 녹초가 된

1 I'm beat. I need to get some sleep.
나 완전 녹초가 됐어. 좀 자야겠어.

2 You look beat up. Get some rest.
너 되게 피곤해 보인다. 좀 쉬어.

3 I'd be so beat that I'd go to sleep fully dressed from time to time.
가끔은 너무 피곤해서 옷도 입은 채로 잠자리에 든다니까.

Money**wise**, I'm comfortable.

MP3 096

UNTIL NOW (X)	돈이 현명하면 내가 편안하지.
FROM NOW (O)	**난 금전적인 면에서는 여유가 있어.**

wise
현명한

BASIC MEANING

1 I'd rather be wise than smart.
난 똑똑하기보다는 현명한 사람이고 싶어.

2 There's a difference between being wise and being knowledgeable.
현명한 것과 지식이 많은 건 달라.

3 The Buddhist monk is a wise man.
그 스님은 현인이셔.

현명하다는 건 문제를 해결하는 [1]방향을 잘 알고 있다는 말이죠. 그런데 문제가 무엇이냐에 따라 방향도 달라져요. 그래서 [2]~적으로는, ~ 면에서는이라는 국부적인 의미로 나누어서 확장시킬 수 있습니다.

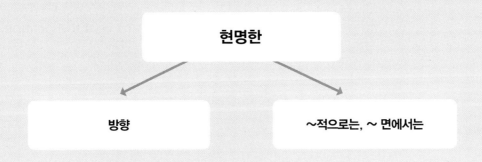

현명한

방향 ｜ ~적으로는, ~ 면에서는

확장 1 　방향

1 Twist the lid clockwise to open the jar.
병 뚜껑을 시계 방향으로 돌려서 열어.

2 Turn the valve counterclockwise to stop the gas.
밸브를 시계 반대 방향으로 돌려서 가스를 차단해.

3 This couch doesn't fit lengthwise in my room.
이 소파, 길어서 내 방에 안 들어 가.

▶ **lengthwise** 세로로, 길게

4

Lengthwise, I like this table, but widthwise, it's too narrow.
이 탁자, 길이는 마음에 드는데 폭이 너무 좁아.

확장 **2**   ～적으로는/～ 면에서는

1 Moneywise, I'm comfortable.
난 금전적인 면에서는 여유가 있어.

2 He's doing great in his business, but health-wise, he's not doing well.
그 사람 사업은 엄청 잘 되는데 건강 면에서는 별로 안 좋아.

3 Personality-wise, she's not my favorite.
성격 면에서 보면 난 그 사람 별로 마음에 안 들어.

4 Education-wise, this area is the best.
교육 면에서 보면 이 지역이 최고야.

5

Location-wise, this city is not the best, but rent is affordable.
위치 면에서는 이 도시가 최고로 좋은 곳은 아닌데
그래도 월세가 싸니까.

6 Weather-wise, no other state can beat Hawaii.
날씨 면에서는 하와이를 능가할 수 있는 주가 없지.

My stomach feels **funny**.

MP3 097

UNTIL NOW (X)   뱃속이 좀 웃겨.

FROM NOW (O)   **속이 좀 이상해.**

funny
웃기는/재미있는

HA! HA!

BASIC MEANING

1 That's so funny. 진짜 웃기다/재밌다.

2 What's so funny? 뭐가 그렇게 웃겨?

3 A rich man's joke is always funny.
돈 많은 사람이 하는 농담은 무조건 재밌어.

4 She hit my funny bone with her story.
나, 걔 얘기 듣고 빵 터졌잖아.

▶ **funny bone** 부딪치면 찡하고 전기 오는 팔꿈치 뼈
('웃음보'로 이해하면 됩니다.)

5 Don't take it seriously. I was just being funny.
내가 그냥 웃기려고 그런 거니까 심각하게 받아들이지 마.

우리말에서 재미있고 유머러스한 것을 보거나 들었을 때도 웃기다라고 하지만, 어처구니 없거나 이상한, 이해할 수 없는 상황이나 사람을 두고도 '진짜 웃기네'라고 합니다. 영어 에서도 마찬가지로 funny를 **1** 이상한, 심상찮은의 의미로 확장해 씁니다.

웃기는, 재미있는

⬇

이상한, 심상찮은

확장 **1**   이상한/심상찮은

1 That's funny. I could've sworn I told you that.
이상하네. 난 분명 너한테 말한 것 같은데.

2 My car is making a funny noise.
내 차에서 이상한 소리가 나.

3 Something smells funny in here.
여기서 이상한 냄새가 나네.

4 My stomach feels funny.
속이 좀 이상해.

5 I just ate a persimmon and now my tongue feels funny.
방금 감 먹었더니 혀가 (텁텁한 게) 이상해.

6
It feels funny not going to work on Monday.
월요일인데 회사 안 나가니까 이상하다.

7 You look funny in that dress.
너 그 드레스 입으니까 이상해.

8 Isn't it funny how her predictions always come true?
전부 다 걔가 예상한 대로 되는 게 좀 이상하지 않니?

9
There's something funny going on.
뭔가 심상치 않게 돌아가고 있어.

CHAPTER
6

미국 사람 냄새 물씬 나는 표현

We went the extra **mile** for the project.

MP3 098

UNTIL NOW (X)	우리는 프로젝트를 위해 1마일을 더 갔다.
FROM NOW (O)	그 프로젝트는 우리가 특별히 더 신경 썼어.

mile

마일
(1마일 = 1.609킬로미터)

BASIC MEANING

1 The speed limit on this highway is 65 miles per hour. 이 고속도로 제한속도는 시속 65마일이야.

2 The nearest park is a mile from here.
여기서 가장 가까운 공원까지 1마일이야.

3 I'm miles from home. 집에서 멀리 나와 있어.

4 I can smell your perfume a mile away.
1마일 밖에서도/멀리서도 네 향수 냄새 나더라.

5 She's talking a mile a minute.
걔 말할 때 시속 1마일로 말해. (= 말 엄청 빨리 해.)

1마일, 2마일 거리가 쌓일수록 출발 지점에서 ²훨씬 더 멀어집니다. 이를 일의 과정, 결과로 보면 남들보다 더 먼 거리를 가는 것, 즉 ¹노력해서 더 좋은 성과를 냈다는 의미로도 이해할 수 있습니다.

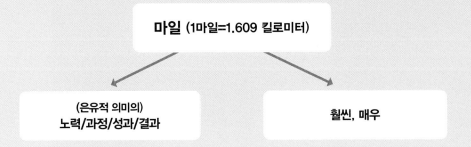

마일 (1마일=1.609 킬로미터)

(은유적 의미의)
노력/과정/성과/결과

훨씬, 매우

확장 **1** (은유적 의미의) 노력/과정/성과/결과

1 We went the extra mile for the project.
그 프로젝트는 우리가 특별히 더 노력하고 신경 썼어. (← 추가로 더 노력해 갔어.)

2 You will understand him if you walk a mile in his shoes.
네가 그 입장이 되어 보면 그 사람을 이해할 수 있을 거야.

▶ **walk a mile in one's shoes** ~의 입장이 되어 보다

3

The last mile of a project is usually the most important.

프로젝트에서 마지막 과정이 보통 제일 중요해.

4 I saw this coming a mile away.
이렇게 될 줄 진즉부터 알고 있었어.

확장 **2** 훨씬, 매우

1

Your meal is miles better than mine. Good call.

네 음식이 내 것보다 훨씬 더 맛있다.
맛있는 걸로 주문 잘했네.

2 I'm feeling miles better today, thanks.
오늘은 훨씬 기분이 나은 것 같아요. 고마워요.

3 I can't beat him in Go. He's miles ahead of me.
바둑으로는 내가 걔 못 이겨. 걔가 나보다 훨씬 위야.

PLUS **milestone** 기념비, 이정표,
(성장 등의) 단계 (큰 성장을 이루거나 좋은 결과를 냈을 때 쓰임), 장족의 발전

❶ We got the deal. It's a big milestone for our team.
우리가 수주를 따냈어. 우리 팀으로서는 엄청난 성과를 낸 거야.

❷ Our daughter started high school. It's a big milestone for her.
우리 딸이 고등학생이 됐어. 진짜 많이 큰 거지. (기념할 만한 일이야.)

❸ I just hit 400,000 subscribers. That is an incredible milestone for my channel.
이제 막 구독자 40만 명이 됐어. 내 채널이 이렇게 뜨다니, 진짜 장족의 발전이야.

This is so **sick**!

MP3 **099**

UNTIL NOW (X)	이거 너무 아프다.
FROM NOW (O)	**이거 진짜 끝내준다/멋지다.**

sick
아픈

BASIC MEANING

1 I'm sick in bed.
나 아파서 누워 있어.

2 He called in sick today.
그 사람 오늘 아파서 결근한다고 전화했어.

3 I used three days of sick leave.
나 3일 동안 병가 냈어.

sick은 통증으로 아픈 것 외에 [1] 속이 메스꺼운을 뜻하기도 합니다. 차나 배를 타서 속이 메스껍다면 멀미가 나는 거죠. 심적인 면에서는 너무 싫어서 [2] 진절머리 나는, 역겨운의 뜻으로 넓혀 볼 수 있습니다. 또 젊은 세대들은 [3] 멋진, 끝내주는의 의미로 sick을 많이 씁니다.

아픈

- 속이 메스꺼운, 멀미하는
- (심적으로) 불편한, (싫어서) 진절머리 나는
- 멋진, 끝내주는

확장 1 속이 메스꺼운, 멀미하는

1 I have carsickness. I feel sick.
나 차멀미하는데, 토할 것 같아.

2 Did you watch the news? It made me sick to my stomach.
뉴스 봤어? (사건 내용이) 구역질나더라.

▶ sick to one's stomach는 '역겨운, 메스꺼운, 혐오스러운'이라는 뜻으로, 육체적 증상뿐 아니라 정신적 불쾌감을 나타낼 때도 자주 쓰입니다.

3 I didn't know I get seasick until today.
내가 뱃멀미가 있는지 오늘 처음 알았어.

(심적으로) 불편한/(싫어서) 진절머리 나는

1 Whenever I'm feeling homesick, I don't know how to deal with it.
향수병이 도질 때마다 어떻게 해야 할지 모르겠어.

2

How come you didn't answer my call?
I've been worried sick.
왜 내 전화 안 받았어? 걱정돼 죽을 뻔했잖아.

3 I'm sick of your excuses.
네가 맨날 변명해대는 거 진절머리 나.

4 My boss makes me sick.
직장 상사 때문에 진절머리가 나.

확장 **3** 멋진/끝내주는

1 That song is sick!
저 노래 너무 좋다!

2 That party was sick!
그 파티 끝내주게 재밌었어!

3

I like your hair. It's sick!
네 헤어스타일 마음에 든다. 멋진데!

4 I didn't like the actors, but the story was sick!
배우들은 별로였는데 내용은 끝내주더라!

I **owe** you my life.

MP3 100

UNTIL NOW (X) 내가 너한테 목숨을 빚졌어.

FROM NOW (O) **네가 내 생명의 은인이야.**

owe
빚지다

BASIC MEANING

1 I owe $100,000 to our bank.
난 은행에 십만 달러 빚이 있어.

2 She owes three months' rent to her landlord.
그 사람, 집주인한테 월세 3개월 밀렸어. (← 월세 3개월 빚이 있어.)

3 I owe you $5 for ice-cream.
아이스크림 값 5달러 너한테 빚졌다.

내게 필요한 것을 남이 대신 제공해 줌으로써 부채가 생기면 빚을 지게 되는데요, 여기에는 돈과 같은 물질적 부채 외에 심적 부채도 포함됩니다. 이는 ¹신세 지다는 의미로 통합시킬 수 있으며, 갚는다는 걸 전제로 합니다. 단, 빚과 상관없이 ²가게에서 내야 할 총액을 말할 때도 owe를 쓸 수 있습니다.

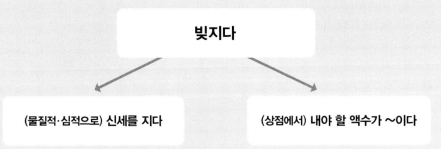

빚지다

(물질적·심적으로) 신세를 지다

(상점에서) 내야 할 액수가 ~이다

확장 **1** (물질적·심적으로) **신세를 지다**

1 You owe me.
나중에 갚아. (← 너 나한테 신세 진 거 있다.)

2 I owe you one.
내가 너한테 신세 한 번 졌다.

3 She owes me a drink.
걔가 나한테 술 사 줄 거 있어.

4 I owe him dinner for a ride.
걔가 나 차 태워다 준 적 있어서 내가 저녁 한 번 사야 해.

5 I owe you an apology.
내가 너한테 사과할 게 있어.

6 You owe me a favor.
너도 나중에 내 부탁 들어줘야 해.

7 I owe you my life.
네가 내 생명의 은인이야.

8
You owe her a big thank you.
너 걔한테 진짜 고마워해야 해.

9 I don't owe you anything.
나 너한테 신세 진 거 하나도 없어.

확장 **2** (상점에서) **내야 할 액수가 ~이다**

1
What do I owe you?
(가게에서 물건 사고 나서)
얼마예요?

2 You owe us $25.
25달러입니다.

That's **random**.

MP3 101

UNTIL NOW (X)   그것은 무작위야.

FROM NOW (O)   **참 뜬금없네.**

random
무작위의

BASIC MEANING

1 The lottery numbers are drawn at random.
복권 번호는 무작위로 뽑는다.

▸ **at random** 무작위로

2 Five names were chosen at random for $100 gift cards.
100달러 상품권에 다섯 명이 무작위 당첨되었다.

random이라고 하면 복권, 뽑기 등의 무작위 추첨을 떠올립니다. 하지만 무작위란 말 자체가 도표화된 규율, 공식, 순서를 모두 무시하고 마구잡이로 결정된 결과를 말하기 때문에 ¹닥치는 대로, 아무 때나, 아무거나 등의 의미로 확장해 활용할 수 있습니다. 미국 원어민들이 굉장히 많이 사용하는 표현입니다.

> **무작위의**
>
> ↓
>
> **엉뚱한, 되는 대로의, 임의의, 마구잡이의, 모르는, 예상 못한, 모르는 사람, 닥치는 대로의**

확장 **1** 엉뚱한/되는 대로의/임의의/마구잡이의/
모르는/예상 못한/모르는 사람/닥치는 대로의

1 That's random.
참 뜬금없다.

2 She asked me a random question.
걔가 뜬금없는 질문을 하더라/엉뚱한 걸 물어보더라.

3 Did I get it right? It was a random guess.
내가 맞혔어? 그냥 찍은 건데.

4 A couple of random people showed up at the party.
파티에 모르는 사람/초대하지 않은 사람이 두어 명 왔던데.

5 It's not safe to chat with randoms online.
온라인상에서 모르는 사람들과 채팅하는 건 좀 위험해.

6

I picked up a random book at the library.
도서관에서 아무 책이나 하나 골랐어.

7 I opened the book at random and found a funny quote.
그냥 아무 페이지나 펼쳤는데 거기서 웃긴 문구를 봤어.

8 He shot people at random at the shopping mall.
그 사람이 쇼핑몰에서 마구잡이로 사람들에게 총을 쐈다.

9 Public Health Department inspectors visit restaurants at random.
공중위생 관리국 직원들은 불시에 식당들을 방문한다.

10 I was given a random breathalyzer test last night.
나 어젯밤에 음주운전 불심 검문 당했어.

11

We tasted the wine in random order and rated them.
여러 와인들을 순서 상관없이 마셔 보고 점수를 매겼어.

It's my **treat**.

MP3 102

UNTIL NOW (X)	이거 내가 대하는 거야.
FROM NOW (O)	**이거 내가 사는 거야.**

treat
대하다

BASIC MEANING

1 Some people treat animals badly.
동물을 막 대하는 사람들도 있다.

2 My husband treats me like shit.
남편은 나를 개똥 대하듯 해.

3 My husband treats me like a maid.
우리 남편은 나를 가사도우미 정도로 여겨.

4 I'm trying to treat my kids equally.
난 우리 애들을 똑같이 대해 주려고 해.(차별하지 않으려고 해)

5 Treat other people as you hope they'll treat
you. 남에게 받고 싶은 대로 남들을 대해.

상대방을 대할 때 호감이 들면 **¹식사 등을 대접**하겠다고 하기도 합니다. 이렇게 거창한 것이 아니어도 작지만 주고받을 때 기분 좋을 **²사탕, 초콜릿** 혹은 **반려동물의 간식** 등의 뜻으로 treat이 쓰이기도 해요. 상대해야 하는 대상이 사람이 아니라 질병이라면 **³치료하다**, 물질이라면 **⁴처리하다**란 의미로도 확장되어 쓰입니다.

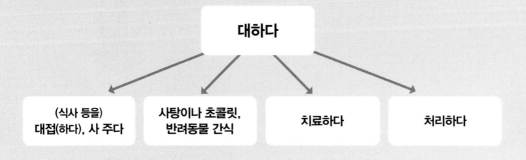

대하다

| (식사 등을) 대접(하다), 사 주다 | 사탕이나 초콜릿, 반려동물 간식 | 치료하다 | 처리하다 |

확장 **1** (식사 등을) 대접(하다)/사 주다

1 You treated me to dinner last time. It's my treat now.
지난 번엔 네가 나한테 저녁 샀잖아. 이번엔 내가 사야지.

2 I'll treat you to a movie.
내가 너 영화 보여 줄게.

3

What a treat!
너무 맛있다/너무 마음에 든다!
(상대방의 식사 대접이나 선물이 마음에 들 때)

4 Treat yourself. Your diet can wait.
그냥 맘껏 먹어. 다이어트는 나중에 해도 돼.

5 I'm better off with my new job, so I treated myself by buying a designer bag.
직장 옮기고 경제적으로 나아져서 내가 나한테 주는 선물로 명품백 하나 샀어.

확장 **2** 사탕이나 초콜릿/반려동물 간식

1 Happy Halloween! Trick or treat.
해피 할로윈! 사탕/초콜릿 주세요. (10월 마지막날 밤에 아이들이 집집마다 돌아다니면서 하는 말)

2 I need to buy some dog treats.
우리 강아지한테 줄 간식 좀 사야 해.

확장 **3** 치료하다

1 Most doctors treat cancer with chemotherapy.
대부분의 의사들은 화학 요법으로 암을 치료한다.

▶ **chemotherapy** (특히 암에 대한) 화학 요법

2 There's no drug to treat Parkinson's disease.
파킨슨병의 치료약은 없다.

확장 **4** 처리하다

1 Tempered glass is treated with heat.
강화유리는 열처리를 거친다.

2

Organic vegetables are not treated with pesticides.
유기농 채소에는 농약 처리를 하지 않는다.

▶ **pesticide** 살충제, 농약

I know your **game.**

MP3 **103**

UNTIL NOW (X) 나는 네가 하는 게임 알아.

FROM NOW (O) **난 네 꿍꿍이/속셈 다 알아.**

game
게임/경기

BASIC MEANING

1. It was a tight game. 막상막하의 경기였어.
2. This game is sick! 이 게임 죽여준다!
3. Video games have replaced board games.
비디오 게임이 보드게임을 대체했다.
4. I used to go to an arcade to play video games. 예전엔 비디오 게임하려고 오락실에 가곤 했었는데.
5. One Youtuber has created a real-life version of *Squid Game.* 한 유투버가 〈오징어 게임〉 실사판을 만들었어.

게임에서 이기는 방법에 초점을 맞추면 ¹수를 쓰는 것, 머리를 굴리는 것의 의미로 확장할 수 있어요. 게임 한 판을 인생으로 보면 game이 ²자신의 일상이나 직장을 의미하기도 합니다. 이때는 주로 복귀하다/돌아가다란 의미의 표현과 자주 쓰입니다.

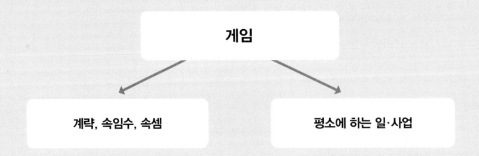

게임

계략, 속임수, 속셈

평소에 하는 일·사업

확장 **1** 계략/속임수/속셈

1. I know your game.
난 네 꿍꿍이가 뭔지 다 알아.

2. I can see through your little game.
네 속셈이 훤히 들여다보여.

3. I don't want to play games with you.
머리 써 가며 너랑 실랑이/밀당하고 싶지 않아.

4 How dare you try to play games with me?
이게 감히 어디서 나한테 수작을 부리려고 그래?

5
Stop playing games and tell me
what you want.
머리 그만 굴리고 원하는 걸 말해 봐.

확장 **2** 평소에 하는 일/사업

1 I'm back in the game after three months of maternity leave.
나는 3개월 육아 휴직 후 복직했어.

2 My injury is healing well. I'll be back in the game next week.
다친 데는 잘 낫고 있어. 다음 주에 복귀할 거야.

3 Now that he's single again, he's back in the dating game.
그 사람 이제 싱글이라 다시 여자들 만나고 다녀.

확장 **3** game의 기타 용법

1 I'm sick of watching power games between the parties.
정당끼리 권력 쟁탈전하는 꼴, 지겨워서 못 보겠어.

▶ **power game** 권력 쟁탈전

2 She loves to play mind games with men.
그 여자는 남자들이랑 밀당하는 걸 엄청 즐겨.

▶ **play mind games** 밀당/심리전을 하다

3
It's not the right time to play
the blame game.
지금 서로 남 탓 하며 대립하고 있을 때가 아니야.

▶ **blame game**
실패나 부정적 결과에 서로 비난하고 책임을
전가하는 것

4 I don't want to marry Mr. Whoever. For me, it's a waiting game.
그냥 아무 남자랑 결혼하고 싶진 않아. (완벽한 남자가 나타날 때까지) 기다려 보지, 뭐.

▶ **waiting game** 상황 전개를 지켜보는 것

5 I don't want you to get involved. This is my game.
넌 끼어들지 마. 이건 내(가 해결해야 할) 일이야.

He's not father **material.**

MP3 104

UNTIL NOW (X)   그는 아버지 물질이 아니야.

FROM NOW (O)   **그 사람은 좋은 아빠감이 아니야.**

material
물질/재료

BASIC MEANING

1 What's the material? 소재가 뭐예요?/뭘로 만들었죠?

2 Our products are made with environmentally friendly materials.
저희 제품들은 환경 친화적인 소재로 만들어졌습니다.

3 Paint is an inflammable material.
페인트는 인화성 물질이다.

4 Some materials tend to melt in heat.
어떤 재질은 열에 녹는 성질이 있다.

5 I'm going to make a pillow with soft materials. 부드러운 소재로 베개를 만들려고 해.

6 A customer claimed she found a foreign material in her sandwich.
한 소비자가 자기 샌드위치 안에 이물질이 들어 있었다고 주장했다.

7 I'm collecting material to build a doghouse.
개집을 지어 주려고 재료를 모으고 있어.

어떤 물질이냐에 따라 무엇을 만들 것인지 그 용도가 결정되고, 용도가 결정되면 재료로 사용되어 완제품으로 만들어집니다. 이걸 사람에게 적용시키면 어떤 [1]역할을 맡을 자질을 갖추었는지의 여부로 확장되어 ~감의 뜻으로 쓰입니다. material에 -istic이 붙으면 물질을 중시하는 [2]물질주의적인, 물질만능의란 의미로도 활용됩니다.

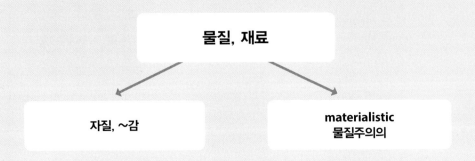

물질, 재료

자질, ~감

materialistic
물질주의의

자질/~감

1 He's husband material.
그 사람, 좋은 남편감이야.

2 She's attractive, but not wife material.
그 여자가 매력은 있지만, 아내감으로는 아니야.

3 My dad made great money, but he wasn't father material.
우리 아빠가 돈을 많이 벌긴 하셨지만 좋은 아빠로서의 자질은 없었어.

4 I'm not teacher material. I don't know what to do with kids.
난 교사 재목이 아니야. 아이들을 어떻게 해야 할지 모르겠거든.

5

He's super-fast in the water, but he's not Olympics material.
걔가 수영을 엄청 잘하긴 하지만 올림픽에 나갈 선수 재목은 아니야.

6 His mood always swings. He doesn't have leadership material.
그 사람은 늘 감정 기복이 심해. 리더가 될 자질은 없어.

확장 **2** 물질주의의, 물질만능의 (materialistic의 형태로)

1 We're living in the materialistic world.
우리는 물질주의의 세계에 살고 있다.

2 Money is everything to her. She's very materialistic.
그 사람한테는 돈이 전부야. 완전 물질만능주의자라니까.

3

Christmas is becoming more materialistic than spiritual.
크리스마스가 영적이기보다는 점점 상업적으로 변하고 있어.

4 Even children are materialistic these days. They want money for their birthdays.
요새는 아이들마저도 물질만능이 되어 가고 있어. 생일 선물로 돈을 달라고 한다니까.

Find the **mean** of these numbers.

MP3 105

UNTIL NOW (X)　이 숫자들의 의미를 찾으시오.

FROM NOW (O)　**이 숫자들의 평균값을 구하시오.**

mean
의미하다

BASIC MEANING

1 "ㅋㅋㅋ" means "lol" in English.
　"ㅋㅋㅋ"는 영어로 "laugh out loud"라는 뜻이야.

2 Thank you for coming. It means a lot to me.
　와 줘서 고마워. 얼마나 큰 힘이 되는지 몰라.

3 What do you mean by that? 그게 무슨 뜻이야?

4 I love him so much. I mean, as a co-worker.
　그 사람 너무 좋아. 내 말은 직장 동료로서 좋다고.

mean은 의미하다의 뜻인데, 여기서 [1]진심이다, 의도하다의 의미로 확장이 됩니다. 신이 의도한 일이라면 우리 인간의 입장에서는 [2]운명, 팔자가 되겠죠. 참고로 mean은 형용사로는 [3]못된, 명사로는 [4]평균값의 뜻도 있습니다.

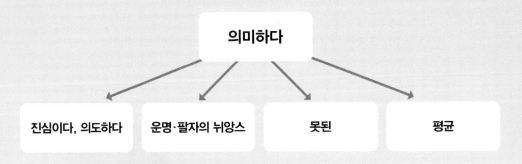

의미하다

→ 진심이다, 의도하다

→ 운명·팔자의 뉘앙스

→ 못된

→ 평균

확장 **1**　진심이다/의도하다

1 I'm not joking. I mean it.
　농담 아니야. 진심이야.

2 I'll call you every day. I mean it.
　내가 매일 전화할게. 진짜로.

3 I didn't mean to interrupt.
　방해하려던 건 아니었어.

4 Did I scare you? Sorry. I didn't mean to.
　나 때문에 놀랐어? 미안. 그러려고 한 건 아닌데.

5 I think he meant to upset me.

걔가 나 마음 상하게 하려고 일부러 그런 것 같아.

6 He curses a lot, but he means well.

걔가 욕은 많이 해도 애는 좋은 애야.

▶ **mean well** 선의가 있다

7 I meant to call you.

너한테 전화하려고 했었는데.

8

Did you mean to throw this away?
이거 진짜 버리려고 내놓은 거야?

9 This gift is meant for you.

이 선물 네 거야/너 주려고 산 거야.

확장 **2**　운명/팔자의 뉘앙스

1 We're meant to be together.

우리는 천생연분이야.

▶ **be meant to** 결국 ~하게 되다

2 They're not meant for each other.

걔네는 서로에게 맞는 짝이 아니야.

3 She is meant to be a doctor.

그 사람은 의사가 천직이야.

4 I guess I was meant to be a shaman.

난 어차피 무당이 될 팔자였나 봐.

확장 **3**　못된

1 She's mean.

걔 못됐어.

2 My brother was so mean to me when we were young.

어렸을 때 남동생이 나한테 아주 못되게 굴었어.

확장 **4**　평균(값)

1 Find the mean of these numbers.

이 숫자들의 평균값을 구하시오.

2 The mean of 5, 4, 10, and 15 is 8.5.

5, 4, 10, 15의 평균은 8.5야.

She **picks up** languages quickly.

MP3 **106**

UNTIL NOW (X)	그 사람은 언어를 빨리 주워.
FROM NOW (O)	**그 사람은 언어를 빨리 배워.**

pick up
줍다

BASIC MEANING

1 Let's pick up the trash.
쓰레기 줍자.

2 I picked up a wallet on the street.
나 길에서 지갑을 주웠어.

줍다라는 기본 의미를 확장해 보면 어떤 장소에 있는 사람을 집어서 [1]차에 태워 데려오다는 말이 되죠. 물건을 집어서 가져오는 것이니 [2]사다의 의미도 되고요. 바닥에 있던 것을 휙 집어서 들어올린다는 측면에서는 [3]속도를 내다, 회복하다는 뜻으로도 넓힐 수 있습니다. 또 지식이나 분위기, 감정 등을 집어 올리는 건 [4]습득하고 배우다, 알아채다는 의미로도 볼 수 있어요.

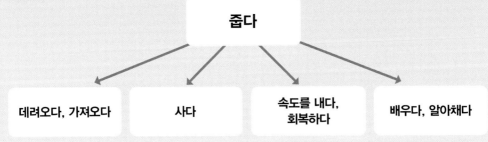

줍다

데려오다, 가져오다 · 사다 · 속도를 내다, 회복하다 · 배우다, 알아채다

확장 **1** (차에 태워) **데려오다/가져오다**

1 I have to pick up my kids at five.
나 다섯 시에 애들 데리러 가야 해.

2 Can you pick me up after work?
퇴근 후에 나 데리러 와 줄 수 있어?

3 I'm going to the library to pick up some books.
책 가지러 도서관에 갈 거야.

사다

1 I'll pick up hamburgers on my way home.
집에 가는 길에 햄버거 사 가지고 갈게.

2 I'm going to make a quick trip to the bakery to pick up some bread. 빵 사러 제과점에 금방 다녀올게.

확장 **3** 속도를 내다/회복하다

1 The train is picking up speed. 기차가 속도를 내고 있어.

2 We'll be late. Let's pick up speed. (운전 중에) 이러다 늦겠다. 속도 좀 올리자.

3 I hope the economy picks up this year. 올해는 경기가 좀 회복되면 좋겠다.

확장 **4** 배우다/알아채다

1 She picks up languages quickly.
걘 언어를 빨리 배워.

2 He picks up everything so fast.
걘 뭐든 빨리 배워.

3 Dogs pick up people's emotions and can relate.
개들은 사람의 감정을 알아채고 공감할 수 있다.

4 My daughter picks up on my worries right away.
내 딸은 내가 걱정하면 바로 알아채.

5 I'm good at picking up on vibes.
난 분위기 파악을 잘해.

확장 **5** pick up의 기타 용법

1 Let's pick up where we left off last time.
지난 번에 하던 얘기/일 계속 이어가 보죠.

   ▶ **pick up** 다시 시작하다

2 Why didn't you pick up your phone yesterday?
너 어제 왜 전화 안 받았어?

   ▶ **pick up** 전화를 받다

3 He goes to a bar every weekend to pick up girls.
걘 주말이면 여자들 꼬시려고 바에 가.

   ▶ **pick up** 이성을 꼬시다

4 I'm picking up my mess.
내가 어질러 놓은 거 치우고 있어.

   ▶ **pick up** 정리정돈하다

That doesn't **count**.

MP3 **107**

UNTIL NOW (X)	그것은 숫자를 안 세.
FROM NOW (O)	**그건 안 쳐 줘.**

count
숫자를 세다

① ② ③
④ ⑤ ⑥
⑦ ⑧ ⑨

BASIC MEANING

1 When you're angry, take a deep breath and count to ten. 화가 나면 심호흡을 하고 열까지 세.

2 I can't wait to go to Costa Rica. I'm counting down the days.
빨리 코스타리카에 가면 좋겠다. 날짜 세면서 손꼽아 기다리고 있어.

3 Fifty-seven, fifty-eight... I lost count.
57, 58… 어디까지 셌는지 까먹었다.

▶ lose count 수를 세다가 도중에 잊어버리다

4 There were so many deer that I lost count.
사슴이 너무 많아서 세다가 까먹었다니까.

숫자를 셀 때 기준이 무엇이냐에 따라 ¹쳐 주는 숫자도 있고 안 쳐 주는 숫자도 있습니다. 달리 말해 ²끼워 주다, 빼다라고 할 수 있는데, 끼워 준다는 건 그만큼 ³가치가 있고 중요하기 때문이겠죠. 그래서 중요한 무언가에 ⁴기대하고 의지하다란 의미로도 확장시킬 수 있습니다.

숫자를 세다

쳐 주다, 인정하다   끼워 주다, 빼다   가치 있다, 중요하다   기대하다, 의지하다

확장 **1** 쳐 주다/인정하다

1 You cheated. That doesn't count.
커닝을 했으니까 (점수로) 인정해 줄 수 없어.

2 Breathing doesn't count as an exercise. 숨쉬기 운동은 운동으로 안 쳐.

3 Guam is a U.S. territory, but it doesn't count as a state.
괌은 미국령이지만 주로는 쳐 주지 않아.

4 What do you mean my vote doesn't count?
내 표는 인정이 안 된다니 그게 무슨 말이에요?

₅ I don't even think your job counts as work.
네가 하는 일은 직장이라고 볼 수도 없을 것 같은데.

끼워 주다/빼다

₁ Are you going to the movie? Count me in.
영화 보러 가려고? 나도 끼워 줘.

▶ **count in** ～를 그룹 안에 포함시키다

₂

I'm too tired. Count me out this time.
너무 피곤하다. 난 이번에 빼 줘.

▶ **count out** ～를 빼다

₃ We have to count her out for the project.
이 프로젝트에서 우리 그 사람은 빼야겠어.

가치 있다/중요하다

₁ Experience counts for this job.
이 직업은 경력이 중요해.

₂ It doesn't matter what you say. What counts is how you act.
말은 중요하지 않아. 어떻게 행동하느냐가 중요한 거지.

₃ It doesn't matter how humble the gift is. It's the thought that
counts. 선물이 아무리 보잘것없는 거면 어때. 마음 써 줬다는 게 중요한 거지.

₄ Young people don't know that every moment counts.
매 순간이 얼마나 소중한지 젊은이들은 몰라.

₅ We don't have much time. Every second counts for us.
우리한테 시간이 얼마 없어. 매초가 중요해.

기대하다/의지하다

₁ We're counting on you.
우리는 너만 믿는다.

₂ I wouldn't count on the weather forecast. They never get it
right.
나라면 일기예보는 안 믿어. 한 번도 제대로 못 맞혀.

₃ I was counting on getting a promotion this time.
이번엔 꼭 승진할 줄 알았는데.

LESSON 11

Keep it to yourself.

MP3 **108**

UNTIL NOW (X)　넣어 둬.

FROM NOW (O)　**(듣기 싫으니까) 너나 알고 있어.**

keep
계속하다

BASIC MEANING

1　He keeps changing jobs.
　그 사람 계속 직장을 옮겨.

2　She keeps changing her mind.
　걔는 계속 마음이 바뀌어.

3　You're doing great. Keep going.
　잘하고 있어. 계속 그렇게 해.

계속하다의 의미를 확장시키면 변함없이 전과 같은 상태를 [1]유지하다는 뜻이 되는데, 유지라는 측면에서 잘 [2]간직하고 보관하다, [3]시간이나 약속을 지키다란 의미로까지 넓혀 볼 수 있습니다.

계속하다

상태를 유지하다 | **간직하다, 보관하다** | **(시간·약속을) 지키다**

확장 **1**　**상태를 유지하다** (뒤에 상태를 나타내는 표현이 옴)

1　Do you keep in touch with him?
　너 그 사람이랑 연락하니?

2

Keep me posted.
(일이 어떻게 돌아가는지)
계속 알려 줘.

3 **Keep that in mind.**
염두에 둬.

4 **Keep it down, guys. Our neighbors might complain.**
얘들아, 조용히 좀 해라. 이웃 사람들이 (시끄럽다고) 뭐라고 하겠다.

5 **Keep up the good work.**
계속 그렇게 잘하면 돼/계속 수고해 주세요.

6

I think I should keep my hair short.
난 머리를 계속 짧게 해야 할 것 같아.

확장 **2**　간직하다/보관하다

1 **You can keep the change.**
잔돈은 가지세요.

2 **Keep anything dangerous out of reach of children.**
위험한 물건들은 애들 손 안 닿는 곳에 보관하세요.

3 **She has Alzheimer's disease, but she still keeps her old memories.**
그분이 치매에 걸리긴 했지만 옛날 기억들은 그대로 간직하고 계셔.

4 **I don't want to hear it. Keep it to yourself.**
듣기 싫어. 너나 혼자 알고 있어.

확장 **3**　(시간·약속을) 지키다

1 **You better keep your promise this time.**
이번엔 약속 꼭 지켜라.

2 **He's not good at keeping time. He's always late.**
걔 시간 잘 못 지켜. 맨날 늦어.

We **spared** no expense on our trip.

MP3 109

UNTIL NOW (X)	우리는 여행에서 스페어 타이어에 돈 안 썼어.
FROM NOW (O)	**우리 여행 가서 돈 안 아끼고 쓸 거다 썼어.**

spare
예비의, 여분의

BASIC MEANING

1 I keep a spare tire in the back of my car.
난 차 뒤에 스페어 타이어 하나 넣고 다녀.

2 You can keep it. I have a spare key.
그건 네가 가지고 있어. 난 열쇠 여분이 하나 더 있거든.

3 Bring spare clothes. We might get wet.
여분의 옷도 챙겨와. 젖을 수도 있으니까.

4 You can stay the night. I have a spare bedroom. 자고 가도 돼. 남는 방 있어.

스페어 타이어처럼 혹시 모를 상황에 대비하여 예비의 물품까지 준비하려면 평소에 **1**절약하고 아껴야 합니다. 이렇게 하면 물질적으로 여유가 생기고 시간도 **2**짬이 나서 다른 사람을 위해 **3**시간과 돈을 할애할 수도 있게 되겠죠. 준비성을 발휘해서 미리 예비해 둔다는 측면에서 안 좋은 상황 등을 **4**피하거나 모면하게 하다의 의미로도 확장됩니다.

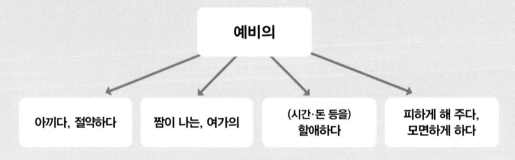

확장 **1** 아끼다/절약하다

1 We spared no expense on our trip.
우리 여행 가서 돈 안 아끼고 쓸 거 다 쓰고 왔어.

2 We should spare no effort on this project.
우리, 이 프로젝트에 노력을 아끼지 말고 다 쏟아붓자.

3 I always spare some money for unexpected expenses.
예상 외 지출에 대비해서 늘 약간의 돈을 모아 놓고 있어.

4 Spare some cash. Some vendors at the farmers' market take cash only. 현금 좀 아껴 놔. 농산물 시장에는 현금만 받는 노점들도 있으니까.

확장 2   짬이 나는/여가의

1   What do you do in your spare time?
여가 시간에 뭐 하세요?

2   In my spare time, I binge watch K-dramas.
시간 남으면 전 한국 드라마를 몰아보기 해요.

3   Can I talk to you when you have a spare moment?
너 시간 될 때 나랑 잠깐 얘기 좀 할 수 있을까?

확장 3   (시간·돈 등을) 할애하다

1   I'd love to come, but I can't spare the time.
나도 가고는 싶은데 시간이 안 되네.

2   I have no time to spare for the gym.
(운동하러) 헬스클럽 갈 시간도 없어.

3   I can spare a minute or two.
1~2분 정도 (잠깐) 시간 낼 수 있어.

4   Spare a thought for those who are suffering from hunger.
먹을 게 없어서 배 곯는 사람들도 좀 생각하자.

확장 4   피하게 해 주다/모면하게 하다

1   Spare me no detail.
하나도 빠지 말고 자세히 말해 줘. (← 상세한 설명이 날 피해가게 하지 마.)

2   Spare me the details.
자세한 얘기는 됐어/전부 다 말할 거 없어. (← 상세한 설명을 피하게 해 줘.)

3

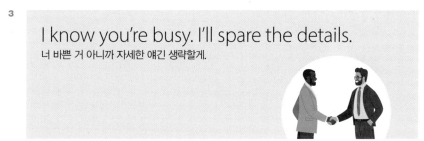

I know you're busy. I'll spare the details.
너 바쁜 거 아니까 자세한 얘긴 생략할게.

4   That's gross. Spare me, please.
징그러워/역겨워. (더 듣고 싶지 않으니까) 말하지 마.

No **word** from him?

MP3 **110**

UNTIL NOW (X)	그 사람한테 아무 단어도 없어?
FROM NOW (O)	**그 사람한테서 아무 소식 없어?**

word
단어

BEGINS
and never give
ssible, If you believe in y
r say **never**, Never say **never**
AFTER, IT'S NEVER TOO LATE TO L
York Paris Californi
lect moment,

BASIC MEANING

1 She knows lots of English words.
개는 영어 단어를 많이 알아.

2 Don't use the f-word.
육두문자 쓰지 마라.

3 My two-year-old boy picks up words quickly.
두 살짜리 우리 아들이 단어를 빨리빨리 배워.

단어가 모이면 말이 됩니다. ¹말로 ²대화를 나누고, 하고 싶은 얘기도 하고 서로에게 ³소식, 기별을 전하기도 하기에 이 모든 것이 word의 확장 의미 안에 속합니다.

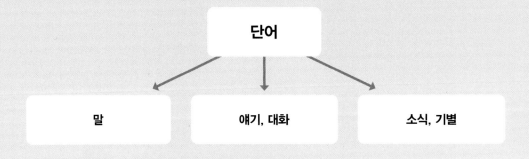

단어 → 말 / 얘기, 대화 / 소식, 기별

확장 1 말

1 Please put in a good word for me.
나에 대해서 좋은 말 좀 해 줘/내 얘기 좀 잘해 줘.

  ▸ **put in a good word for someone**
  ~에 대해 제3자에게 좋은 말을 해 주다/잘 말해 주다/천거하다

2 This restaurant got popular by word-of-mouth.
이 식당은 입소문으로 유명해졌어.

  ▸ **word-of-mouth** 입소문

3 **You have my word.**
내 말 믿어도 좋아.

4 **He's a man of few words.**
그 사람은 말수가 적어/말이 별로 없어.

5
Spare me. In other words, keep it to yourself.
말하지 마. 바꿔 말하면 너나 알고 있으라고.

6 **He's the one who spread the word.**
그 소문, 걔가 낸 거야. (걔가 소문 퍼뜨린 장본인이야.)

확장 **2** **얘기/대화**

1 **I would like to have a word with her.**
나 그 사람이랑 대화하고 싶어.

2 **We exchanged a few words during a coffee break.**
커피 마시는 동안 우리가 잠깐 몇 마디 나눴어.

확장 **3** **소식/기별**

1
No word from him?
그 사람한테서 아무 소식 없어?

2 **Any word from her?**
그 사람한테서 기별 안 왔어?

3 **No word from both of them.**
둘 다 아무 소식 없네.

He has **false** teeth.

MP3 **111**

UNTIL NOW (X)　　그는 거짓된 치아가 있어.

FROM NOW (O)　　**그 사람 치아, 의치야.**

false

거짓의

BASIC MEANING

1　My husband made sugar-coated false promises before we got married.
남편이 결혼 전에 지키지도 않을 거짓 약속들로 얼마나 사탕발림을 했다고.

2　We better not trust everything we hear. There's false information everywhere.
들리는 거 곧이곧대로 다 안 믿는 게 좋아. 허위 정보가 워낙 많거든.

3　The boy who cried wolf gave villagers a false alarm.
(동화 속 양치기) 소년이 늑대가 나타났다고 거짓말을 해서 마을 사람들이 모두 놀랐어요.

거짓을 물건에 적용하면 **¹**모조라는 의미로, 기계나 결과에 적용하면 **²**오류라는 의미로 확장이 가능합니다. 또 **³**정직하지 않은 역시 false의 의미에 포함됩니다.

| 거짓의 |
| 모조의, 가짜의 | 오류의, 틀린 | 부정직한 |

확장 1　모조의/가짜의

1　He has false teeth.
그 사람 치아 의치야. (← 틀니, 임플란트 등)

2　Scammers use false identities sometimes.
사기꾼들이 가짜 신분을 사용해 위장하기도 한다.

오류의/틀린

1   She got a false result from a pregnancy test.
그 사람 임신 테스트 결과가 잘못 나왔어.

2

I did an at-home COVID test and got a false positive.
코로나 자가진단 키트로 검사했는데 결과 오류로 확진이라고 나왔어.

3   A false alarm drew firefighters to the school.
화재 경보기 오작동으로 인해 소방대원들이 학교로 출동했다.

4   A bat is a mammal. True or false?
박쥐는 포유류다. 맞습니까, 틀립니까?

5   Their website provided false information about their annual sales.
그 웹사이트에 연간 세일 정보가 잘못 떴어.

6   She had a false understanding of my point of view.
그 사람이 내 견해를 잘못 이해했어.

부정직한

1

The race result didn't count because of the false start.
부정 출발로 인해 경기 결과가 무효 처리됐다.

2   "I think of myself as great," said Tanya, abandoning false modesty.
"난 내 자신이 대단하다고 생각해"라고 타냐가 짐짓 겸손한 태도를 버리며 말했다.

Does the sun **bother** you?

MP3 **112**

UNTIL NOW (X)	해가 너를 괴롭히니?
FROM NOW (O)	**햇빛 때문에 신경 쓰여/거슬려?**

bother

괴롭히다

BASIC MEANING

1 A group of boys bother me at school.
학교에서 남자애들 무리가 날 괴롭혀.

2 No one should bother stray animals.
누구든 유기동물을 괴롭히는 건 안 돼.

3 Migraines really bother me.
나, 편두통 때문에 진짜 괴로워.

육체적, 정신적 괴롭힘에서 가해자는 어떻게 하면 상대를 ¹성가시고 귀찮게 할까 ²애를 써서 방법을 찾으려 하고, 피해자는 방어 자세가 되어 계속 ³신경을 쓰게 됩니다. 이 모든 경우가 bother의 확장된 의미로 쓰입니다.

```
괴롭히다
├── 귀찮게 하다, 귀찮음
├── 애쓰다
└── 신경 쓰이게 하다, 거슬리게 하다
```

확장 **1**   귀찮게 하다/귀찮음

1 Sorry. I didn't mean to bother you.
미안. 귀찮게 하려던 건 아닌데.

2

My dog keeps bothering me for a treat.
우리 개가 간식 달라고 계속 성가시게 하네.

3   Stop bothering me. I really can't take it anymore.
나 좀 그만 귀찮게 해. 더 이상 못 참겠네, 정말.

4   It's no bother. I can walk you through it.
아니, 안 귀찮아. 내가 하나하나 자세히 설명해 줄게.

5   My brother is a bother.
내 남동생은 정말 귀찮아.

확장 **2**   애쓰다

1   Don't bother to get up. I know your leg bothers you.
일어나실 거 없어요. 다리 불편하신 거 알아요.

2   I know we broke up, but he didn't even bother to look at my face.
우리가 아무리 헤어지긴 했다만 그렇다고 걔는 내 얼굴도 안 쳐다보려고 하냐.

3   Why bother asking if you're not going to help.
넌 도와주지도 않을 거면서 뭐 하러 굳이 물어봐?

4   Young people don't bother to get married and have kids these days.
요새 젊은이들은 굳이 결혼해서 애 낳으려고 안 해.

5   Don't bother asking questions. He won't answer.
굳이 물어보지 마. 그 사람 (어차피) 대답 안 해 줘.

확장 **3**   신경 쓰이게 하다/거슬리게 하다

1   Does the sun bother you?
햇빛 때문에 신경 쓰여?

2   The age spots on my face bother me.
얼굴에 생긴 기미 때문에 신경 쓰이네.

3   Don't let her texts bother you.
걔가 보내는 문자에 너무 신경 쓰지 마.

4   Did I turn off the stove before I left? I can't remember. Gosh, it's really bothering me.
내가 나오기 전에 가스 불 껐던가? 기억이 안 나. 아우, 거참 되게 신경 쓰이네.

5   Doesn't that noise bother you?
넌 저 소리 안 거슬려?

6   Dog owners who don't clean up after their dogs bother me a lot.
나는 자기 개가 싼 똥 안 줍는 사람들이 되게 거슬리더라.

▶ **clean up after the dog** 개똥을 치우다

LESSON 16

Bring the water to a boil.

MP3 113

UNTIL NOW (X) 끓일 물 좀 가져와.

FROM NOW (O) **물을 팔팔 끓여 줘.**

bring
가져오다/데려오다

BASIC MEANING

1 Can you bring me something to eat?
나 먹을 것 좀 가져다줄래?

2 You're welcome to bring your friends to the party. 파티에 네 친구들 데려와도 돼.

3 Bring your umbrella in case it rains.
혹시 비 올지도 모르니까 우산 가져가.

4 I brought lunch money. 점심값 가지고 왔어.

5 You don't have to bring anything. Just bring yourself. 아무것도 안 가져와도 돼. 그냥 몸만 와.

6 I can't see it. Let's bring it into the light.
안 보인다. 밝은 데로 가져가서 보자.

7 What brings you here?
네가 여긴 어쩐 일이야? (← 뭐가 널 여기로 데려오는 거야?)

물건을 가져오고 사람을 데려오다란 뜻을 인과관계에 적용시켜 보면 원인이 결과를 가져온다, 즉 [1]결과를 초래하다란 의미로 넓힐 수 있어요. 동사 bring은 어떤 [2]특정한 상태로 이끄는 것에 초점을 맞추면 됩니다.

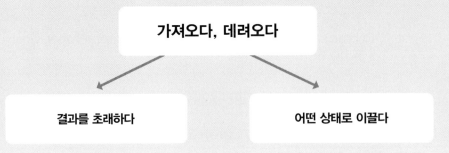

가져오다, 데려오다

→ **결과를 초래하다**

→ **어떤 상태로 이끌다**

확장 **1** 결과를 초래하다

1 A four-leaf clover brings good luck.
네잎 클로버는 행운을 가져와.

2 Wars bring death.
전쟁은 죽음을 불러온다.

3 The drought brought famine.
가뭄으로 기아가 발생했다.

4 This old picture brings back memories.
이 옛날 사진 보니까 기억이 나네.

5 That story brought me back to my childhood.
그 얘길 들으니까 어릴 때 생각이 났다.

6 International students bring in lots of money to U.S. colleges.
외국인 학생들 덕에 미국 대학들이 돈을 많이 번다.

7 The bottom line is: Will our new menu bring us more business? 중요한 건 우리가 내놓는 새 메뉴로 장사가 더 잘 될 것인가, 이거지.

확장 2 어떤 상태로 이끌다

1 Bring the water to a boil.
물을 팔팔 끓여 주세요.

2 Funding cuts brought an end to the project.
자금 삭감으로 프로젝트가 쫑났어.

> **bring an end to** ~하는 것을 멈추게 하다, ~을 끝내다

3 If we keep losing our customers, it will bring an end to our business.
우리가 계속 고객을 잃으면 결국 사업을 접게 될 거야.

확장 3 bring의 기타 용법

1

You brought it up.
네가 먼저 말 꺼냈잖아.

> **bring up** 말을 꺼내다

2 I'll take the bullet. I'll bring up the matter at the meeting.
내가 총대 메지, 뭐. 회의 때 내가 문제를 제기할게.

> **take the bullet** 총대를 메다

3 I couldn't bring myself to tell him the truth.
나 걔한테 사실대로 말 못 하겠더라고.

> **can't bring oneself to + V** 차마 ~할 수 없다

Sometimes our customers get **ugly**.

MP3 **114**

UNTIL NOW (X)	우리 고객들이 가끔씩 못생겨져.
FROM NOW (O)	**가끔 손님들이 진상 떨 때도 있어.**

ugly
못생긴

BASIC MEANING

1 I don't mean to be mean, but she's ugly.
내가 작정하고 못된 소리 하는 건 아닌데 걔가 못생기긴 했지.

2 He was an ugly duckling when he was a baby. 걔 애기였을 때 되게 못생겼었어. (← 미운 오리 새끼였어.)

3 Kids used to call me ugly and make fun of me. 애들이 나를 못난이라고 부르며 놀리곤 했었어.

4 It's rude to call someone ugly.
누군가한테 못생겼다고 말하는 건 무례한 거야.

못생긴 주체를 사람이 아닌 사물, 상황으로 확장시켜 보면 [1]외관이 추한, [2]사태가 험악한, 상황이 안 좋은의 의미로 이해할 수 있습니다. 또 마음 씀씀이나 행동이 예쁘지 않은 경우 [3]진상인, 꼴불견인의 뜻으로도 볼 수 있습니다.

확장 1 외관이 추한

1 Our dining table is old and ugly.
우리 식탁이 너무 낡은 데다가 볼품도 없어.

2 His car is all beat-up and ugly.
그 사람 차는 죄다 찌그러지고 보기 흉해.

3 This building is so ugly. It's ruining the view.
이 건물 진짜 흉하다. 전망을 다 망치네.

4 Our team uniform is so ugly. Who designed it?

우리 팀 유니폼 진짜 거지같아. 대체 누가 디자인한 거야?

5 I thought the wallpaper in her house was ugly. Strawberries? What on earth?

걔네 집 벽지 진짜 아니더라. 세상에, 딸기가 뭐니, 딸기가?

확장 **2** 사태가 험악한/상황이 안 좋은

1

The weather here is very ugly.

여기 날씨 진짜 별로야.

2 The vibe in this room is getting ugly.

이 방 분위기가 점점 험악해지는데.

3 Her haters keep creating ugly rumors about her.

그 사람 안티 팬들이 계속 나쁜 소문을 만들어 내.

4 Things are getting pretty ugly.

사태가 점점 심각해지는데.

5 Now loan sharks are involved, and the situation is getting uglier.

이제는 불법 대출업자들까지 끼어들어서 사태가 점점 더 험악해지고 있어.

확장 **3** 진상/꼴불견의 뉘앙스

1 He was acting ugly with his future mother-in-law.

그 사람, 자기 장모님 되실 분 앞에서 진상을 떨더라고.

2 I was hammered last night, and I got ugly.

어젯밤에 내가 술이 떡이 돼서 진상을 부렸어.

3 Sometimes our customers get ugly.

가끔 손님들이 진상 떨 때도 있어.

4 I know she's trying to dance, but I can't call that ugly movement dancing.

걔가 춤 좀 춰 보겠다고 애쓰는 건 아는데, 그런 볼썽사나운 동작을 춤이라고 할 수는 없지.

I'm planning to **throw** a party.

MP3 **115**

UNTIL NOW (X)	파티를 던져 버릴 계획이다.
FROM NOW (O)	**파티를 열려고 계획 중이야.**

throw

던지다/던짐

BASIC MEANING

1 Can you throw us the ball? 저희한테 공 좀 던져 주실래요?

2 He throws stuff when he gets mad.
그 사람은 화나면 물건을 던져.

3 Those guys should be thrown in jail.
저런 놈들은 감옥에 처넣어야 하는데 말이야.

4 We live within a stone's throw of the park.
우리, 공원까지 엎어지면 코 닿을 거리에 살아. (← 돌 던지면 닿을 거리)

던지다는 뜻의 throw를 안에 있던 것을 밖으로 내보낸다는 의미로 확장시키면 **1** 버리다, **2** 분출하다는 개념으로 볼 수 있어요. 이것이 부정적인 측면에서는 **3** 기회 등을 포기하다, 날리다로, 긍정적인 측면에서는 자신이 가진 것을 **4** 베풀다, **5** 쏟아붓다는 의미로 넓어집니다.

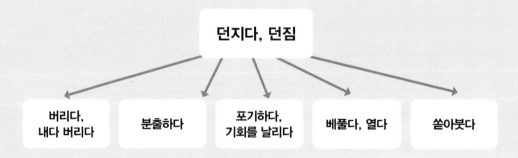

던지다, 던짐

버리다, 내다 버리다 · 분출하다 · 포기하다, 기회를 날리다 · 베풀다, 열다 · 쏟아붓다

확장 1   (쓰레기 등을) **버리다/내다 버리다** (throw away의 형태로)

1 Let's not throw trash on the street.
길거리에 쓰레기 버리지 말자.

2 Take what you need before I throw everything away.
내가 다 내다 버리기 전에 네가 필요한 거 챙겨.

3 My mom is a pack rat. She never throws anything away.
우리 엄마는 쌓아 두는 걸 좋아해. 뭐든 절대 버리는 법이 없다니까.

▶ **pack rat** 별 필요도 없는 걸 모아두는 사람

4 I'd rather throw the money away than give it to him.

내가 걔한테 돈을 주느니 차라리 갖다 버리고 말지.

확장 **2** ## 분출하다

1 A little kid threw a fit at the store and gave his mom a hard time.

꼬마애 하나가 가게에서 떼를 쓰면서 제 엄마를 힘들게 하더라니까.

▶ **throw a fit** 성질을 부리다, 화를 내다

2 She throws tantrums from time to time because she's going through menopause.

그 사람 지금 갱년기가 와서 가끔씩 성질을 부려.

3 I threw up everything I ate for dinner.

나 저녁으로 먹은 거 다 토했어.

확장 **3** ## 포기하다/기회를 날리다

1 Don't throw away your chance.

기회 날려 버리지 마.

2 Don't throw in the towel.

기권하지 마. (복싱 경기에서 수건을 던지면서 기권을 표현한 데서 유래)

확장 **4** ## 베풀다/열다

1 I'm planning to throw a party.

파티를 열려고 계획 중이야.

2 We threw a huge farewell party for our boss.

우리가 직장 상사 환송회를 성대하게 치러 줬어.

3 My mom throws a feast whenever I visit her.

우리 엄마는 내가 갈 때마다 상다리가 부러지게 차려 주셔.

확장 **5** ## 쏟아붓다

1 I threw all my knowledge into my thesis.

논문에 내가 아는 지식 전부를 다 쏟아부었어.

2

He throws all his energy into his job.
그 사람은 일에 자기 에너지를 다 쏟아붓는다니까.

I can **live with** it.

MP3 **116**

UNTIL NOW (X) 나는 그것과 같이 살 수 있어.

FROM NOW (O) **그 정도는 괜찮아/참을 수 있어.**

live with
같이 살다

BASIC MEANING

1 I live with my boyfriend. 난 남친이랑 같이 살아.

2 She lives with her cats. 그 사람은 고양이들을 데리고 살아.

3 Lots of young people live with their parents to save money.
많은 젊은이들이 돈을 아끼기 위해 부모님과 함께 산다.

4 How do you like living with your parents?
부모님이랑 같이 사니까 어때?

같이 산다는 의미에는 사람, 반려동물과 사는 것 외에도 **1**감정·조건을 수용하고, 상황을 인정하는 것까지 포함되어 있습니다. 병에 걸린 어르신들이 "에구, 친구 삼아 같이 가는 거지." 라고 하시잖아요. 그것처럼 live with는 자신이 처한 상황이나 환경을 **2**참다, 괜찮다고 여기다는 의미로도 확장시킬 수 있습니다.

```
          같이 살다
         ↙        ↘
인정하다, 용납하다, 수용하다      참다, 괜찮다
```

확장 **1**   인정하다/용납하다/수용하다

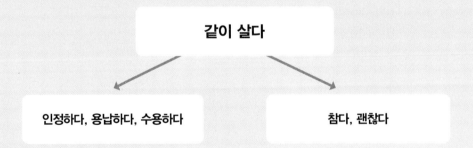

1

I live with the fact that I can't live with anyone.
난 그 누구와도 같이 못 산다는 사실을 인정하며 살아.

2 He had learned to live with his wife's tantrums.

그 사람, 자기 아내 성질내는 걸 받아들였어.

3 I could never live with myself if I gambled away my life savings.

내가 (만약) 평생 모은 돈을 도박으로 다 날린다면 내 자신이 용납 안 될 것 같아.

4 When you get old, arthritis is something you have to live with.

늙으면 관절염이 와도 그런가 보다 하고 살아야 하는 거야.

5 I live with the guilt.

난 죄책감을 느끼며 살아.

확장 **2** 참다/괜찮다

1

My place is not in perfect shape,
but I can live with it.

우리 집 상태가 아주 좋은 건 아니지만 이 정도면 괜찮아.

2 I don't make a fortune, but I can live with that.

내가 떼돈을 버는 건 아니지만 그래도 그럭저럭 괜찮아.

3 My boyfriend painted our bedroom green, but I can live with it.

내 남친이 우리 침실을 녹색으로 칠해 버렸는데 참아 줄 만은 해.

4 I can't live with that noise.

나 저 소음은 도저히 못 참겠어.

5 I can't live with my stinky bathroom anymore.

우리 집 화장실에서 냄새가 나서 더는 못 참겠어.

The travel restriction has **lifted**.

MP3 **117**

UNTIL NOW (X)	여행 규제가 들어올려졌다.
FROM NOW (O)	**여행 규제가 풀렸다/해제됐다.**

lift
들어올리다

BASIC MEANING

1 Lift your arms.
팔을 위로 들어봐.

2 You're not supposed to lift anything heavy.
무거운 거 들면 안 돼요.

3 Can you help me lift this box?
이 상자 좀 같이 들어 줄래?

위로 들어올린다는 의미를 감정에 대입시키면 **1** 기분이 붕 뜨다, 좋아지다는 뜻이 됩니다. 하지만 남몰래 슬쩍 집어든다는 의미에서는 **2** 도둑질하다, 법으로 막고 있던 규제를 들어올린다는 의미에서는 **3** 해제하다는 뜻으로도 쓸 수 있습니다.

들어올리다

기분이 좋아지다, 좋아지게 하다	도둑질하다	(제재 등을) 해제하다, 풀다

확장 **1**　기분이 좋아지다/좋아지게 하다

1

My boy's smile lifts my spirits.
우리 아들 웃는 거 보면 기분이 좋아져.

2 This book lifted my spirits.

이 책 읽고 나서 기분이 좋아졌어.

3 Her depression seems to be lifting. What a relief!

걔 우울증이 나아지는 것 같아. 정말 다행이야!

확장 **2** 도둑질하다

1 Someone broke in last night and lifted items from the store.

어젯밤에 도둑이 들어서 가게에서 물건들을 훔쳐갔어.

2 She had been lifting stationery from the office where she worked.

그 사람, 자신이 일하던 사무실에서 계속 문구류를 훔쳐 왔었어.

3 Shoplifting is a big problem.

들치기가 큰 문제야.

확장 **3** (제재 등을) 해제하다/풀다

1 The travel restriction has lifted.

여행 규제가 풀렸다.

2 The ban was partially lifted.

규제가 부분적으로 해제됐다.

3
The government lifted the ban on beef imports.

정부가 소고기 수입 금지령을 해제했다.

4 The company lifted restrictions on only hiring college graduates.

회사가 대학 졸업자만 뽑는다는 방침을 철회했다.

5 The night club lifted the ban on jeans.

청바지 입으면 출입 못 한다는 나이트 클럽의 방침이 철회됐다.

It's sixty-three dollars **even**.

MP3 118

UNTIL NOW (X)　이것은 평평한 63달러입니다.

FROM NOW (O)　**(에누리 없이) 정확히 63달러입니다.**

even
평평한

BASIC MEANING

1 The surface of the table is not even.
탁자 표면이 평평하질 않아.

2 Spread whipped cream evenly on the cake.
케이크에 생크림을 고르게 펴 발라.

평평하다는 건 굴곡 없이 고르다는 뜻이라서 [1]균등, 공평의 의미로 확장시킬 수 있습니다. 숫자로 보면 [2]딱 떨어지는 수 혹은 짝수를 말하며, 상황에 있어서는 [3]심지어, ~하더라도 등의 뜻으로 균형을 맞추려는 의미로 쓰입니다.

평평한

균등한·대등한　｜　딱 떨어지게, 짝수의　｜　even though 심지어, ~하더라도

확장 **1**　균등한/대등한

1 We're even now.
우리 이걸로 퉁친 거다/이제 주고받을 거 없는 거다.

2 We shared the money evenly.
돈을 공평하게 나눠 가졌어.

딱 떨어지게/짝수의

1 It's sixty-three dollars even.
(에누리 없이) 정확히 63달러입니다.

2 Four is an even number.
4는 짝수이다.

3 Thirteen is not an even number. It's an odd number.
13은 짝수가 아니라 홀수야.

확장 **3** 심지어/~하더라도 (even though의 형태로)

1 She's pretty, beautiful even.
그 사람은 예쁘다 못해 아름다울 지경이야.

2 We had a fight. We don't even say hi to each other anymore.
싸워서 우리 서로 인사도 안 해.

3 It's so easy. Even my five-year-old kid can do it.
이거 되게 쉬워. 다섯 살 된 우리 애도 한다니까.

4 I didn't call her. I don't even have her number.
나 걔한테 전화 안 했어. 나는 걔 전화번호도 없어.

5 Even though I like most people, I don't like her.
내가 웬만한 사람들은 다 좋아하는데도 그 사람은 싫더라.

6 Even though it's raining, my dog wants to go for a walk.
비가 오는데도 우리 개는 산책 나가고 싶어해.

7
I can't sleep even though I'm tired.
피곤은 한데 잠은 못 자겠어.

Our team is **determined** to win.

MP3 **119**

UNTIL NOW (X)	우리 팀은 이기기로 결정되었다.
FROM NOW (O)	**우리 팀, 이기려고 단단히 마음 먹었어.**

determine
결정하다

BASIC MEANING

1 I'm trying to determine the best time to quit my job.
직장을 언제 관두는 게 제일 좋을지 결정하려는 중이야.

2 You should determine what is best for you.
너한테 뭐가 제일 좋을지는 네가 결정해야지.

3 The jury will determine the outcome of the trial.
배심원단이 재판 결과를 결정할 거야.

결정하다의 주체가 사람이 아니라 상황이라면 **¹**~에 달려 있다는 뜻으로 생각해 볼 수 있습니다. 결정을 내리기 위해서는 그럴 만한 이유가 필요하기 때문에 **²**이유를 알아내다는 의미로도 확장될 수 있어요. 결정을 내릴 때 단호한 마음을 먹듯, **³**결심하다, 단단히 마음먹다는 뜻 역시 determine에 포함됩니다.

결정하다

~에 달려 있다 | (이유를) 알아내다 | **determined** 결심한, 단단히 마음먹은

확장 1 ~에 달려 있다

1 The weather will determine if we can go to the beach.
우리가 바닷가에 갈 수 있을지 없을지는 날씨에 달려 있어.

2 The price will determine if I can buy it or not.
내가 살 수 있고 없고는 가격에 달려 있다고.

(이유를) 알아내다

1 It's hard to determine why the Internet is down.
인터넷이 왜 끊겼는지 알아내기가 힘드네요.

2

The firefighter determined that
the stove caused the house fire.
소방관은 집에 불이 난 이유가 가스레인지 때문이라고
결론지었다.

확장 **3** 결심한/단단히 마음먹은 (determined의 형태로)

1 I'm determined to lose weight.
나 살 빼기로 마음먹었어.

2 I'm determined to grow my hair past my waist.
허리선 넘길 때까지 머리 기르기로 마음먹었어.

3 Our team is determined to win.
우리 팀, 이기려고 단단히 마음먹었어.

4

He has a determined look on his face.
걔 얼굴에 굳은 각오가 써 있어.

5 I'm determined to finish a half-marathon this time.
나 이번엔 하프 마라톤 꼭 완주하기로 결심했어.

6 He's determined to change his life for the better.
He even quit drinking.
그 사람 인생 바꿔서 더 잘 살아 보겠다고 단단히 마음먹고 심지어 술도 끊었어.

CHAPTER
7

현지인이세요?

You're all **set**.

MP3 120

UNTIL NOW (X)	당신은 전부 세트네요.	
FROM NOW (O)	**(가게, 은행 등에서 점원이 고객에게)** **다 됐습니다/가셔도 좋습니다.**	

set
놓다

BASIC MEANING

1 We set a TV in our bedroom.
우리 침실에 TV를 놓았어.

2 Set the dough aside and melt the chocolate.
반죽은 잠깐 옆에 놓고 초콜릿을 녹여 주세요.

어느 장소에 물건을 놓아 두면 다시 옮기지 않는 한 그대로 있습니다. 따라서 **1**변동사항 없는, 마무리된 상태라는 의미로 확장이 가능합니다. 또 상황을 어떤 상태로 **2**설정해 놓다는 뜻으로도 볼 수 있고, 세트처럼 여러 개로 구성된 **3**한 묶음을 말하기도 합니다.

놓다

- 변동사항 없는, 마무리된 상태의
- 설정하다, 결정하다
- 한 묶음

확장 **1** 변동사항 없는/마무리된 상태의

1 Am I all set?
(가게, 은행 등에서 볼일을 마치고) 이제 다 끝났나요/가도 되나요?

2 You're all set.
(가게, 은행 등에서 점원이 고객에게) 다 됐습니다/가셔도 좋습니다.

3 No more coffee for me, please. I'm set.
커피 더 안 주셔도 돼요. 이거면 됐어요.

4 We're set for life.
우리는 (일 안 해도) 평생 먹고살 돈 있어. (금전적으로 평생 여유 있게 살 만큼의 액수를 채운 상태를 말함)

설정하다/결정하다

1 I set the alarm for six.
나 6시로 자명종 맞춰 놨어.

2 We set our wedding date.
우리 결혼 날짜 잡았어.

3 Have you set your mind yet?
이제 마음 정했어?

4 Nothing's set in stone yet.
확실히 정해진 건 아직 아무것도 없어.

▸ **be set in stone** 확정되다

확장 **3** 한 묶음

1 I bought a new set of tires.
차 바퀴 (4개 다) 새걸로 샀어.

2 We have three sets of golf clubs.
우리한테 골프 클럽 3세트 있어.

3 I bought a new dishware set.
그릇 세트 새로 샀어.

4 I would like another set of eyes to check my resume.
내 이력서 (잘 썼는지) 누가 좀 봐 줬으면 좋겠는데.

확장 **4** set의 기타 용법

1 I'm setting the table for dinner.
저녁 밥상 차리고 있어.

▸ **set the table** 상을 차리다

2 Someone set the house on fire.
누군가 그 집에 불을 질렀어.

▸ **set ~ on fire** ~에 불을 지르다

3 I set my pet birds free.
난 키우던 새들을 놓아줬어.

▸ **set ~ free** ~을 놓아주다, 풀어 주다

4 The story is set in London.
그 이야기는 런던이 배경이야.

▸ **set** 배경을 설정하다

LESSON 2

I need to **grab** some sleep.

MP3 121

UNTIL NOW (X)   나는 잠을 좀 잡아야겠어.

FROM NOW (O)   **나 잠 좀 자야겠어.**

grab
잡다

BASIC MEANING

1 She grabbed me by the collar.
   걔가 내 멱살을 잡았어.

2 Grab a seat/a chair.
   거기 앉으세요. (← 좌석을 잡으세요.)

3 It's late. Let me grab a taxi for you.
   늦었다. 내가 택시 잡아 줄게.

물건 등 가시적인 대상을 손으로 잡다는 의미를 비가시적인 대상에 대입하면 ¹기회, 직장 등을 잡다는 뜻이 됩니다. 무언가를 확 잡아챌 때의 짧은 순간에 초점을 맞추면 급히 ²잠깐 뭔가를 하다로 의미를 넓혀 활용할 수도 있어요. 또 물건을 잡아서 ³가져오다는 뜻으로도 쓰입니다.

잡다

기회를 잡다, 시선 등을 끌다 | 잠깐 뭔가를 하다 | ~을 가져오다

확장 **1**   기회를 잡다/시선 등을 끌다

1 Don't miss this opportunity. Just grab it.
   이 기회 놓치지 말고 그냥 잡아.

2 I'm ready to grab any kind of job.
   아무 일이나 할 각오가 되어 있어. (← 아무 일이나 주어지면 잡을 각오가 되어 있어.)

3 I think he'll make a good husband. Grab him.
   걔, 좋은 남편이 될 것 같아. (네 남편감으로 만들 기회로) 걔 잡아.

4 The talking parrot grabbed people's attention.
   말하는 앵무새가 사람들의 관심을 끌었다.

잠깐 뭔가를 하다

1

I'm going to grab a bite.
나 간단히 뭐 좀 먹어야겠다.

2   Don't bother to fix my breakfast. I'll grab something on my way to work.
나 아침 차려 주려고 번거롭게 애쓰지 마. 회사 가는 길에 간단히 뭐 사 먹으면 돼.

3   I need to grab some sleep.
나 잠 좀 자야겠어.

～을 가져오다

1

Dinner's ready. Grab a plate.
저녁 준비 다 됐어. (음식 퍼 담을) 접시 가지고 와.

2   Let me grab another drink for you.
내가 한 잔 더 갖다 줄게.

3   Do you want me to grab a sandwich for you?
내가 샌드위치 사다 줄까?

4   Let me grab a blanket.
내가 이불 가져올게.

5   Can you grab me a pencil?
나한테 연필 좀 가져다줄래?

Let's **share** driving duties.

MP3 **122**

UNTIL NOW (X)	운전하는 의무를 공유하자.
FROM NOW (O)	**번갈아가며 운전하자.**

share
공유하다/나누다

BASIC MEANING

1 I share a bedroom with my sister. 난 언니랑 방 같이 써.

2 I share a car with my brother. 난 우리 형이랑 차 같이 써.

3 My boy doesn't want to share his toys with anyone.
우리 아들은 다른 사람이랑 자기 장난감 같이 가지고 노는 걸 싫어해.

4 Sharing is caring. 나눔이 곧 배려이다.

5 My post got a thousand shares and eight hundred likes on Facebook.
내가 페이스북에 올린 게 공유하기 1,000건에, 좋아요 800개를 받았어.

물건이나 공간을 공유한다는 건 함께 쓴다는 말이고, 감정 등을 공유한다는 건 **1** 공감하다는 말입니다. 의견이나 이야기를 공유하기 위해 **2** 말해 주다는 뜻도 돼요. 일, 노동, 지출 비용 등의 달갑지 않은 부분을 공유하는 경우에는 **3** 분담하다라는 의미로 쓰입니다. 또 공동 소유의 경우, **4** 각자의 몫, 지분, 또는 주식의 뜻으로도 확장됩니다.

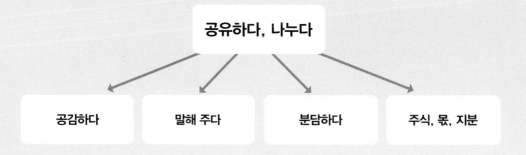

공유하다, 나누다
→ 공감하다
→ 말해 주다
→ 분담하다
→ 주식, 몫, 지분

확장 **1** 공감하다

1 I don't share her view on that.
그 점에 있어선 난 그 사람 견해에 동감할 수 없어.

2 Our dog passed away, and our family shared the same sense of loss.
우리 개가 죽어서 가족들 다 똑같이 상실감을 느꼈어.

3 My husband and I share an interest in cooking.
내 남편도 나도 둘 다 요리에 관심이 있어.

말해 주다

1 Thank you for sharing your story.
네 얘기해 줘서 고마워. (← 네 얘기 공유해 줘서 고마워.)

2 Thank you for sharing your opinion.
네 의견 말해 줘서 고마워.

3 He shared useful information with me.
걔가 나한테 유용한 정보를 알려 줬어.

분담하다

1

I'll share the bill.
(비용) 나도 같이 낼게.

2 It's a long drive to Las Vegas. Let's share driving duties.
라스베이거스까지 운전해 가려면 멀어. 번갈아가며 운전하자. (← 운전하는 임무를 분담하자.)

3 My mom yells at my dad all the time because he doesn't share in doing the housework.
아빠가 집안일을 전혀 분담하지 않아서 엄마가 아빠한테 맨날 소리 질러.

주식/몫/지분

1 He has some shares in Apple.
그 사람 애플 주식이 조금 있어.

2 Share prices fell on Wall Street yesterday.
어제 월 스트리트 주가가 하락했다.

3

I sold my shares too early.
내가 주식을 너무 일찍 팔았어.

4 The total bill comes out to one hundred, so our share is twenty.
100달러 나왔으니까 각자 20달러씩 내면 되겠다.

The pandemic **hurt** business.

MP3 **1 2 3**

UNTIL NOW (X) 팬데믹 사태가 사업을 아프게 했어.

FROM NOW (O) **팬데믹 사태로 장사에 타격을 받았어.**

hurt
해치다/다치다/아프다

BASIC MEANING

1 Ow! That hurt! 애 아파!

2 Sorry. I didn't mean to hurt you.
미안. 너 다치게 하려고 한 건 아니야.

3 Can we sit down for a bit? My legs hurt.
우리 잠깐 앉으면 안 될까? 다리 아픈데.

4 He hurt his back carrying heavy boxes.
걔 무거운 상자들 들어서 옮기다가 허리 다쳤어.

5 The car alarm hurts my ears.
차 경보음 때문에 귀가 아프다.

hurt는 신체적으로 다치거나 다치게 하여 아픈 것입니다. 이것이 마음으로 가면 ¹마음에 상처를 주다/받다는 뜻이 되고, 자연 현상이나 사회 현상적인 면에서는 ²타격을 주다, 피해를 입다는 의미로 확장될 수 있습니다.

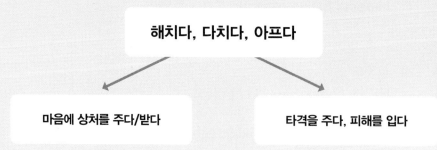

해치다, 다치다, 아프다

마음에 상처를 주다/받다

타격을 주다, 피해를 입다

확장 **1** 마음에 상처를 주다/받다

1 Sorry. I didn't mean to hurt your feelings.
미안. 마음 상하게 하려던 건 아니었어.

2 Do you know words can hurt like knives?
너, 말로도 칼처럼 상처 줄 수 있다는 거 알아?

3 Families can hurt one another more than strangers.
남보다 가족끼리 서로 더 큰 상처를 줄 수도 있어.

4 You hurt her feelings. You owe her an apology.
   너 때문에 걔 기분이 상했어. 걔한테 사과해.

5 His mean comments really hurt me.
   그 사람이 단 악플 때문에 나 진짜 속상해.

6 It hurts to watch her struggling with her life.
   걔가 힘들게 사는 거 보니까 속상하네.

확장 2 타격을 주다/피해를 입다

1
The pandemic hurt business.
팬데믹 때문에 장사에 타격을 입었어.

2 The typhoon hurt our business big time.
   태풍 때문에 장사를 완전히 다 망쳤어.

   ▶ **big time** 대단히, 대규모로

3 The actor's drug use hurt his popularity.
   그 배우는 약물 사용으로 인기에 타격을 입었지.

4 Bad reviews hurt my business.
   안 좋은 후기들 때문에 장사에 타격을 입었어.

5 She kept lying to me and it hurt our relationship.
   걔가 나한테 계속 거짓말해서 우리 관계까지 망쳤어.

6 It wouldn't hurt you to help me for once.
   나 한 번 도와준다고 네가 타격을 입는 것도 아닐 거잖아.

7
I'm just busking here. It's not going to hurt anyone.
그냥 여기서 버스킹하고 있는 건데요. 사람들한테 무슨 피해를 주는 것도 아니고.

Just a **hint** of salt.

MP3 **124**

UNTIL NOW (X)   그냥 소금이 주는 힌트야.

FROM NOW (O)   **소금 아주 약간만 (넣어 주세요).**

hint

힌트

BASIC MEANING

1 Could you give me a hint?
   힌트 좀 주시겠어요?

2 Here's a hint. It starts with C.
   힌트 드립니다. C로 시작합니다.

답에 접근할 수 있게 방향만 살짝 잡아 주는 것이 힌트입니다. 따라서 어렴풋한 [1] 암시, 귀띔과도 같은 맥락인데, 의미를 좀 더 확장하면 [2] 눈치의 뜻으로도 볼 수 있습니다. 한편 힌트를 줄 때는 보통 조금만 주기 때문에 [3] 미량, 소량이라는 의미도 포함됩니다.

```
                        힌트

  암시, 귀띔              눈치              미량, 소량
```

확장 **1**   암시/귀띔

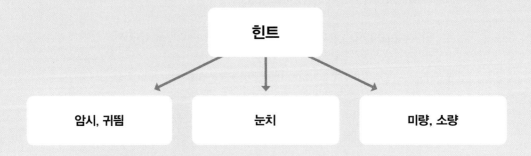

1

She's been dropping hints that she deserves the promotion this time.
그 사람, 이번엔 자기가 승진해야 한다고
넌지시 말하고 다니더라.

2   I dropped a few hints to my boyfriend about what I want for my birthday.
남친한테 내 생일에 받고 싶은 거 몇 개 은근히 내비쳐 놨어.

3   He gave me a hint about what kind of food his mom likes.
그 사람이 자기 엄마가 어떤 음식 좋아하시는지 나한테 슬쩍 귀띔해 줬어.

4   She gave a broad hint that she wants to marry Tom.
그 사람, 톰이랑 결혼하고 싶다고 노골적으로 티 내고 다니던데.

확장 2   눈치

1   I coughed to give my husband the hint that we should go.
남편한테 이제 그만 일어나자고 눈치 주느라 (일부러) 기침을 했지.

2   He didn't get my hint.
걔가 눈치를 못 채더라고.

3   I took the hint and left right away.
난 눈치 채고 바로 일어났지.

4   What? They're getting married? How come I never got the hint? 뭐? 걔네가 결혼한다고? 나는 왜 전혀 눈치를 못 챘지?

확장 3   미량/소량

1   Just a hint of salt.
소금은 아주 조금만 (넣어 주세요).

2

There's a subtle hint of lemon in my drink.
내 음료에서 아주 살짝 레몬 맛이 나는데.

3   It's still cold, but there's a hint of spring in the air.
아직 춥긴 한데. 그래도 봄기운이 살짝 느껴지네.

4   I just felt a hint of winter in the air.
방금 겨울 기운이 살짝 느껴졌어.

I agree with you to some **degree**.

MP3 **125**

UNTIL NOW (X)　　나는 몇 도까지 너에게 동의한다.

FROM NOW (O)　**네 생각에 어느 정도는 동의해.**

degree

(측정 단위의) 도

BASIC MEANING

1　It was 34 degrees in London today.
오늘 런던 기온은 34도였어.

2　Water boils at 100 degrees Celsius.
물은 섭씨 100도에서 끓는다.

3　Water freezes at zero degrees Celsius.
물은 섭씨 0도에서 언다.

4　The cliff drops 90 degrees.
절벽이 90도 각도로 급경사를 이루고 있다.

5　The sum of the interior angles of a triangle is 180 degrees.
삼각형의 내각의 합은 180도이다.

온도, 기울기를 측정하는 단위인 '도'의 degree는 **1**정도를 표시하는 말로 의미를 확장할 수 있습니다. 상태의 정도에 따라 급이 될 수도 있고, 공부한 정도에 따라 받는 **2**학위가 될 수도 있습니다.

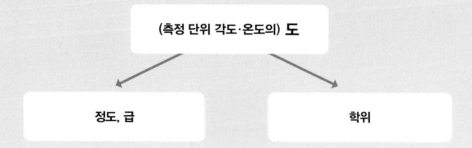

확장 **1**　정도/급

1　I agree with you to some degree.
네 생각에 어느 정도는 동의해.

2　That's a matter of degree.
그건 정도의 차이지.

3

Engineering jobs demand a high degree of skill.

엔지니어는 고도의 기술이 요구되는 직업이야.

4 The man was charged with first-degree murder.

그 남자는 일급 살인죄로 기소되었다.

5 He's got second-degree burns from the car accident.

그 사람 교통사고로 2도 화상을 입었어.

확장 **2**   학위

1

He received a doctor's degree.

그 사람 박사학위 받았어.

2 I don't have a college degree.

난 대학 졸업장 없어/대학 안 나왔어.

3 She graduated from UCLA with a law degree.

그 사람 UCLA 법학과 졸업했어.

LESSON 7

It was a **slip** of the tongue.

MP3 126

UNTIL NOW (X) 혓바닥이 미끄러졌어.

FROM NOW (O) **말실수했어.**

slip
미끄러지다

BASIC MEANING

1 I slipped on the stairs and broke my ankle.
계단에서 미끄러져서 발목이 부러졌어.

2 Be careful. It'll be painful if you slip and fall on the ice.
조심해. 얼음판에서 미끄러져서 넘어지면 아플걸.

3 She slipped and almost fell on the wet floor.
그 사람, 젖은 바닥에서 미끄러져서 넘어질 뻔했어 .

시트콤처럼 아주 특이한 상황을 제외하고 일부러 미끄러지는 경우는 없기 때문에 잘못해서 미끄러지다, 즉 **¹실수**의 의미로 확장이 가능합니다. 손에서 미끄러지듯 **²빠져나간다**는 뜻으로 쓰이며, 기억에서 미끄러지듯 **³잊어버리다**의 의미로도 볼 수 있습니다.

미끄러지다

실수 | 빠져나가다 | slip one's mind 잊어버리다

확장 **1**   실수

1 It was a slip of the tongue.
내가 말실수했어.

2 She's made one or two slips but it's basically well written.
그 사람이 실수 한두 개는 했지만 기본적으로 글을 잘 썼어.

3 He recited the whole poem without making a single slip.
그 사람, 실수 한 번 안 하고 그 시를 다 암송했어.

빠져나가다

1 She slipped out of the office without anyone noticing.
그 사람이 아무도 모르게 살짝 사무실을 빠져나갔어.

2 I managed to slip out of the meeting.
나 회의에서 간신히 빠져나왔어.

3 He slipped out of the class before the bell.
걔 수업 끝나기도 전에 빠져나갔어.

4 I slipped out to make a phone call.
전화하려고 살짝 빠져나갔었어.

5 Can you slip out tonight without telling anyone?
아무한테도 말하지 말고 오늘 밤에 몰래 나올 수 있어?

6 Money slips through my fingers.
돈이 손가락 사이로 줄줄 새/돈이 다 빠져나가.

확장 **3** 잊어버리다 (slip one's mind의 형태로)

1

Could you remind me of his name? It slipped my mind.

그 사람 이름 좀 다시 말해 줄래요? 제가 이름을 까먹어서.
(← 내 마음에서 미끄러져 나갔어.)

2 A pretty girl's name never slips your mind.
넌 예쁜 여자들 이름은 절대로 안 잊어버리지.

3 She forgot she'd arranged to meet Rick last night — It completely slipped her mind.
그 사람, 어젯밤에 릭을 만나기로 한 걸 잊어버렸어. 완전히 까먹고 있었던 거야.

Our conversation didn't go **anywhere**.

MP3 **127**

UNTIL NOW (X)	우리의 대화는 아무 데도 안 갔어.
FROM NOW (O)	**기껏 대화한 보람도 없었어.**

anywhere
어디든/아무 데도

BASIC MEANING

1 I have a car now. I can go anywhere.
나 이제 차 생겨서 어디든 갈 수 있어.

2 She doesn't go anywhere without her dog.
그 사람 자기 개 없이는 아무 데도 안 가.

3 Did you go anywhere interesting?
너 어디 재밌는 데 갔어?

4 You can sit anywhere you like.
아무 데나 앉고 싶은 데 앉아.

anywhere는 불특정한 위치, 장소를 말하기 때문에 모든 가능성을 열어 두면 어디든, 모든 가능성을 배제하면 아무 데도라는 뜻이 됩니다. anywhere는 ¹조금도의 뜻으로도 쓰이고, 불특정성에 초점을 맞추어 ²어림잡아, 대략의 뜻으로도 쓰입니다.

어디든, 아무 데도

조금도

대략

확장 1 조금도

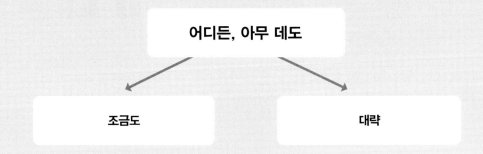

1
She isn't anywhere near as popular as she used to be.
그 사람 옛날 인기에 비하면 지금은 인기가 없는 거지.

▸ **not anywhere near** ~에서 조금도 가깝지 않은

2 I'm not anywhere near finishing this project.
이 프로젝트 끝내려면 멀었어.

3 He isn't anywhere near as talented as you are.
그 사람 너처럼 재능이 있지가 않아.

확장 **2** 대략

1 He was born anywhere between 1940 and 1950.
그 사람 1940년에서 1950년 사이에 태어났어.

2

The yoga class has anywhere from 30 to 40 students.
요가 수업에 대략 30~40명 정도 학생이 나오는 것 같아.

3 The price for our house is anywhere between $1 million to $1.5 million.
우리 집 시가가 백만에서 백 오십만 달러 사이야.

확장 **3** anywhere의 기타 용법

1

Our conversation didn't go anywhere.
기껏 대화한 보람도 없었어/아무 결론도 못 냈어.

▸ **go anywhere** 성과를 내다

2 No matter how hard he tries, his career just doesn't go anywhere.
그 사람이 아무리 열심히 일해도 직장에서 빛을 못 봐.

3 We're not going to get married. Our relationship isn't going anywhere.
우리 결혼 안 해. 관계에 도무지 진척이 없어.

That guy is her **crush**.

MP3 128

UNTIL NOW (X) 저 남자가 그녀를 으스러뜨린 사람이야.

FROM NOW (O) **그녀가 좋아하는 사람이 저 사람이야.**

crush

으스러뜨리다

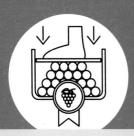

BASIC MEANING

1 The front of his car got crushed.
그 사람 차 앞부분이 부서졌어.

2 Crush the boxes before you throw them out.
상자들을 버리기 전에 (납작하게) 눌러서 내놔.

3 We crush the beer cans before we put them in the recycling bin.
우린 재활용 쓰레기통에 버리기 전에 맥주 캔을 다 찌그러트려.

4 Grapes are crushed to make wine.
포도를 으깨서 와인을 만들어.

으스러뜨리다는 의미를 물건이 아닌 경쟁 상대에게 적용하면 [1]완승하다, 크게 이기다의 뜻으로 해석할 수 있습니다. 또 멋진 사람을 봤을 때 느끼는 심적 충격이라는 의미를 적용하면 [2]반함, 반함의 대상의 뜻으로도 확장됩니다.

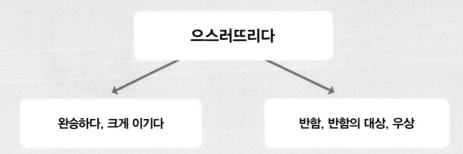

으스러뜨리다

완승하다, 크게 이기다 | **반함, 반함의 대상, 우상**

확장 **1** **완승하다/크게 이기다**

1 Our team crushed our rival school's team.
우리 팀이 라이벌 학교 팀을 상대로 크게 이겼어.

2 They got crushed.
걔네 완패했어.

3 I crushed him in a Go match.
바둑으로 내가 걔를 완벽하게 눌렀어.

4 He crushed the rest of the contestants at the audition.
그 사람이 오디션에서 나머지 참가자들을 완벽하게 눌렀어.

▶ **contestant** (대회·시합 등의) 참가자

반함/반함의 대상/우상

1 That guy is her crush.
걔가 좋아하는 애가 쟤야.

2 Wouldn't it be nice if my crush asked me out?
내가 반한 애가 나한테 데이트 신청하면 얼마나 좋을까?

3 I have a crush on that actor.
나 저 배우한테 반했어.

▶ **have a crush on** ~에게 반하다

4 He had a huge crush on my sister.
그 사람 우리 언니한테 완전 반했어.

5
Woman to woman, she's so cool.
I have a girl crush on her.
여자 대 여자로 그 사람 너무 멋있어. 내가 다 반했다니까.

6 Madonna was my girl crush when I was young.
내가 어렸을 때는 마돈나가 내 (여자)우상이었어.

The ending was too **obvious**.

MP3 **129**

UNTIL NOW (X)	결말이 너무 분명했어.
FROM NOW (O)	**결말이 너무 뻔했어.**

obvious

분명한

BASIC MEANING

1 It was obvious to everyone that the parents had abused their child.
누가 봐도 그 부모가 아이를 학대해 왔다는 게 분명했어.

2 It's obvious that things are not working out.
일이 잘 안 풀리는 게 분명해.

3 It's obvious that he doesn't want me to come to his birthday party.
걔는 내가 자기 생일 파티에 안 왔으면 하는 게 분명해.

분명하고 확실한 건 결과가 바뀔 가능성이 없다는 점에서 ¹뻔한의 의미로 확장 가능합니다. 같은 맥락에서 ²역력한, 티가 나는의 뜻으로도 쓰일 수 있어요.

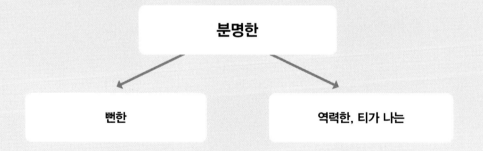

확장 1   뻔한

1 The story was obvious.
뻔한 얘기더라고.

2 The ending was too obvious.
결말이 너무 뻔했어.

3 She's too obvious. I can read her mind easily.
걘 너무 뻔해. 속마음이 훤히 들여다보인다니까.

4 It was obvious that she wanted me to pay for dinner.
걔, 내가 저녁 값 내 주길 바라는 게 너무 뻔히 보이더라.

5

Are you sure this book has a good plot twist?
I don't want to read anything too obvious.

이 책에 그럴 듯한 반전 있는 거 맞아?
난 너무 뻔한 건 읽고 싶지 않은데.

확장 2   역력한/티가 나는

1   It's obvious that you're lying.
너 거짓말하는 거 티 확 나.

2   His false teeth are too obvious.
그 사람 의치인 게 너무 역력히 드러나.

3

Her plastic surgery is too obvious.
걔 성형수술한 거 너무 티 나.

4   He made it obvious for everyone to know he's the one who
donated the most.
그 사람, 자기가 기부 제일 많이 했다는 거 누가 봐도 알게 티 내고 다녔어.

We'll lay my grandpa to **rest** tomorrow.

MP3 130

UNTIL NOW (X)   내일 우리 할아버지께 나머지를 놓아 드릴 거야.

FROM NOW (O)   **내일 우리 할아버지를 안치해.**

rest
나머지

BASIC MEANING

1 I ate the rest of the chips. 칩 남은 거 내가 다 먹었어.

2 I'm going to watch TV for the rest of the day.
오늘 남은 시간 동안 TV나 보려고.

3 When I retire, I want to spend the rest of my life in Hawaii. 난 퇴직하면 여생은 하와이에서 보내고 싶어.

4 He wants chicken, but the rest of us want pizza.
걔는 치킨이 먹고 싶다는데 나머지 사람들은 다 피자 먹고 싶어해.

5 This restaurant is a cut above the rest.
이 식당은 다른 식당들과 비교해서 최고야.

▶ **a cut above** ~보다 한 수 위인, 더 나은

하루 중 열심히 일하고 나머지 시간에는 내일을 위해 ¹쉬거나, 휴식을 취하는데, 이것이 죽음으로 연결되면 ²영면에 든다는 해석도 가능합니다. 이 rest는 사람이 쉬는 것 외에 ³의심, 문제 등을 처리하지 않고 그대로 두다는 의미로도 넓힐 수 있습니다.

나머지

| 쉼, 휴식, 쉬다 | 영면에 들다, 묻다 | 의심이나 문제를 처리하지 않고 두다 |

확장 **1**   쉼/휴식/쉬다

1 I need a rest after the long drive.
나 장거리 운전해서 좀 쉬어야겠다.

2 Your eyes are bloodshot. Why don't you rest your eyes?
너 눈에 핏발 섰어. 눈 좀 쉬게 하지 그래?

3 I just finished a five-mile walk. I better rest my legs.
방금 5마일 걸었어. 다리 좀 쉬어야겠다.

4 She stayed up all night studying. She needs a good rest.
걔 밤새서 공부했어. 푹 좀 쉬어야 해.

확장 **2** 영면에 들다/묻다 (be buried의 순화어로)

1 RIP stands for rest in peace.
RIP는 'rest in peace(평화롭게 잠들다)'의 약자야.

2 We'll lay my grandpa to rest tomorrow.
내일 우리 할아버지를 안치해.

3 My father rests beside my mother in our local cemetery.
우리 아버지는 우리 지역 공동묘지에 엄마 옆에 묻혀 계셔.

확장 **3** 의심이나 문제를 처리하지 않고 두다

1 Let's just lay the issue to rest for now.
지금은 그 문제를 좀 덮어 두자.

2 I can't lay my doubts to rest.
의심되는 걸 그대로 둘 수가 없어.

확장 **4** rest의 기타 용법

1

Rest assured that I'll be there on time.
시간 맞춰서 갈 테니까 걱정 붙들어 매셔.

▶ **rest assured** 확신하다

2 I can rest assured that my kids are in good hands.
우리 애들 안심하고 맡길 수 있어.

3 You can rest assured that you'll get your money back.
네 돈 다시 돌려받을 테니까 마음 놔.

My car can **hold** fifteen gallons of gas.

MP3 **131**

UNTIL NOW (X)　내 차가 기름을 15갤런 잡을 수 있어.

FROM NOW (O)　**내 차에 기름이 15갤런 들어가.**

hold
잡다

BASIC MEANING

1　We're holding hands.
우리 손을 잡고 있어.

2　Hold on tight.
꽉 잡아.

3　I held the door for the person behind me.
뒷사람이 들어올 수 있게 내가 문을 잡아 줬어.

hold는 잡다란 뜻으로, 잡고 있는 대상에 따라 해석이 달라집니다. 시간을 잡고 있다면 ¹기다리다, 생리 현상이나 행동을 잡고 있다면 ²참다, 상황을 잡고 있다면 ³유지하다, 정체되다, 애먹다, 결정을 잡고 있다면 ⁴보류하다, 공간을 잡고 있다면 ⁵수용 능력의 의미로 확장시킬 수 있습니다. '참다'의 의미에서 물리적인 하중을 '지탱하다'의 뜻이 되기도 합니다.

잡다

기다리다, 대기하다　참다, 버티다　유지하다　보류하다　수용하다　지탱하다

확장 **1**　기다리다/대기하다/기다림/대기

1　Hold on/Hold it/Hold up. 잠깐만.

2　I'm on hold. 전화 대기중이야.

3　Hold your horses. 침착하게 기다려. (서두르지 말고 재촉하지 말아라.)

4　Please hold. I'll see if he's available.
기다려 주세요. 그분 지금 시간 되는지 알아보겠습니다.

확장 2 참다/버티다

1 I couldn't hold back my tears.
눈물을 참을 수가 없었어.

2 How long can you hold your breath?
넌 숨 얼마나 오래 참을 수 있어?

3 I can't hold it any longer. I've got to go.
더 이상 못 참겠어. 나 화장실 가야 해.

4

Don't hold back.
참지 말고 그냥 말해.

5 Luckily, I was able to hold back my anger.
다행히 내가 화를 잘 참았어.

확장 3 유지하다

1 I hope the weather will hold for the picnic.
피크닉 가는데 날씨가 (이 상태로) 계속 유지되면 좋겠다.

2 If you don't pay up front, your reservation can be held for 24 hours.
바로 결제 안 하시면 예약은 24시간 동안만 유지됩니다.

확장 4 일시적으로 보류(하다)

1 Let's put that on hold. 잠깐 보류해 두자.

2 We decided to hold off on our vacation.
우리 휴가 가는 거 보류하기로 했어.

3 I'll hold off on my resignation letter for now.
사직서는 잠시 보류해 둘 거야.

확장 5 수용하다

1 My car can hold fifteen gallons of gas.
내 차에 기름이 15갤런 들어가.

2 This wedding hall can hold three hundred guests.
이 결혼식장은 하객 300명까지 수용 가능합니다.

3 He can hold his alcohol very well.
그 사람 술 잘 마셔/주량이 세.

확장 6　(무게 등을) **지탱하다**

1　The bridge couldn't hold the weight from the love locks and collapsed.
그 다리가 사랑의 자물쇠 무게를 견디지 못하고 무너졌어.

2
I don't think that branch will hold your weight.
나뭇가지가 네 무게를 못 버틸 것 같은데.

확장 7　**hold의 기타 용법**

1　She has a hold on her husband.
그 여자, 자기 남편 꽉 잡고 살아.

2　She holds a grudge.
걔 뒤끝 있어/마음에 담아 둬.

3　I can't get a hold of her.
걔랑 연락이 안 돼.

▶ **get a hold of** ～와 연락하다

4　No one knows what the future holds.
앞으로 무슨 일이 일어날지는 아무도 몰라.

▶ **hold = yet to come**

5　He was held back a year and repeated the 7th grade.
걔 일 년 유급해서 7학년을 두 번 다녔어.

▶ **hold back** 저지하다, 억제하다

6　My allergies are holding me back.
나 알레르기 때문에 힘들어. (← 일상생활을 못하게 막고 있어.)

I'll **stick** with my job.

MP3 **132**

UNTIL NOW (X)   나는 내 직장과 막대기를 세울 거야.

FROM NOW (O)   **나 지금 다니는 직장 계속 다닐래.**

stick
나뭇가지/막대기

BASIC MEANING

1. He uses a walking stick when he hikes.
   그 사람은 등산할 때 지팡이를 사용해.

2. My dog always brings home sticks from his walk. 우리 개는 산책만 하면 집에 나뭇가지를 물어와.

3. She's a stick.
   걔 막대기처럼 비쩍 말랐어.

나무에 나뭇가지가 착 붙어 있는 것처럼 stick은 어디에 뭐가 [1]붙(어 있)다, [2]입장을 계속 고수하다는 의미로 확장이 가능합니다. 너무 심하게 붙어 있어서 [3]움직이지 않는 상태, 꽉 막힌 상태를 뜻하기도 하지요. 또한 나뭇가지가 나무 줄기에서 삐쭉 나오듯이 쑥 [4]삐져나오다란 의미로도 쓰입니다.

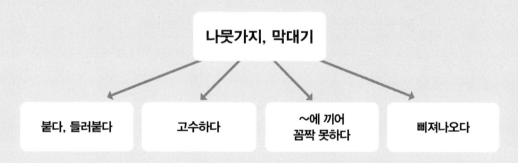

확장 **1**   붙다/들러붙다

1. Cat hair sticks everywhere.
   고양이 털은 여기저기 잘 묻어.

2. This Post-it note won't stick to the wall.
   이 포스트잇이 벽에 잘 안 붙네.

3. I hate when plastic seats stick to my skin on hot days.
   더울 때 플라스틱 의자에 살 들러붙는 거 진짜 싫어.

4. The rest of the jellybeans are stuck on the bottom of the jar.
   젤리빈 남은 게 통 바닥에 들러붙었어.

5 Stickers are sticky, so they stick to things.
스티커는 끈적끈적해서 물건에 잘 붙어.

6 We don't want to get lost. Let's stick together.
길 잃으면 안 되니까 딱 붙어서 가자고.

확장 2 고수하다

1 Let's stick to the original plan.
처음 계획했던 대로 하자.

2 I'll stick with my job.
나 지금 다니는 직장 계속 다닐래.

3 He never sticks with his opinions.
걘 자기 의견대로 하는 적이 없어.

확장 3 ~에 끼어 꼼짝 못하다/꼼짝하지 않다

1 I'm stuck in traffic. I won't make it on time.
지금 차가 꽉 막혀서 나 제 시간에 도착 못 해.

2 The window is stuck. It won't open.
창문이 꼼짝도 안 해. 열리지를 않아.

3 I'm stuck on this math problem.
나 이 수학 문제에서 막혔어.

4 I'm stuck and can't finish the crossword puzzle.
십자말풀이하다가 막혀서 끝을 못 내네.

5 That song has been stuck in my head all day.
하루 종일 그 노래가 머릿속에서 떠나질 않아.

확장 4 삐져나오다

1 His front teeth stick out.
걔 앞니가 튀어나왔어.

2 Her ears stick out.
걔 귀가 튀어나왔어.

3 Your hair is sticking up on top.
너 머리가 위로 삐죽 섰어.

4 Something is sticking out of your bag.
네 가방에서 뭐가 삐죽 튀어나왔는데.

5 Be careful. Your wallet is sticking out of your back pocket.
조심해. 네 뒷주머니에서 지갑 삐져나왔어.

I just **turned** fifty.

MP3 **133**

UNTIL NOW (X)   나 이제 막 오십 번 돌았어.

FROM NOW (O)   **나 이제 막 쉰이 됐어.**

turn

돌다/돌리다

BASIC MEANING

1 Turn right at the first traffic light.
첫 번째 신호등에서 우회전하세요.

2 Turn the knob counterclockwise.
손잡이를 시계 반대 방향으로 돌리세요.

3 No one can turn the clock back.
아무도 시계를(시간을) 되돌릴 수는 없다.

다른 쪽으로 방향을 돌리다라는 의미를 확장해 보면 **1** 상황이 바뀌어서 새로운 **2** 상태가 되다란 뜻으로 해석이 가능합니다. 변화의 측면에서는 전기 등의 전원을 **3** 켜고 끄는 행위도 포함 되고, 돌아간다는 측면에서는 **4** 차례라는 의미도 됩니다.

돌다, 돌리다

| 바꾸다/변하다의 뉘앙스 | ~ 상태가 되다 | 전기 제품을 작동하다 | 차례 |

확장 1   바꾸다/변하다의 뉘앙스

1

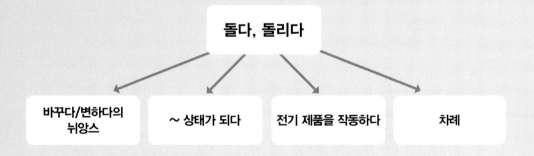

The tables have turned.
이제 상황이 역전됐어/바뀌었어.

2 Don't worry. Things will turn around.

걱정하지 마. 다 괜찮아질 거야.

> **turn around** 방향을 바꾸다

3 It turned into a nightmare.

상황이 골치 아파졌어.

4 Her life story has lots of twists and turns.

그 사람 살아오는 동안 우여곡절이 많았더라고.

확장 **2** ～ 상태가 되다

1

I just turned fifty.

나 이제 막 쉰이 됐어.

2 The leaves turn red and yellow in the fall.

가을이면 나뭇잎들이 빨갛고 노랗게 물든다.

확장 **3** 전기 제품을 작동하다 (on/off/up/down과 함께 쓰여)

1 It's hot. Let's turn on the air-conditioner.

덥네. 에어컨 켜자.

2 Can you turn off the light?

불 좀 꺼 줄래?

3 It's freezing. I'm going to turn up the heater.

얼어 죽겠네. 히터 온도 좀 올려야겠다.

4 Would you turn down the TV a bit?

TV 볼륨 조금만 줄여 줄래?

확장 **4** 차례

1

Let's take turns.

차례대로 하자.

2 This is my turn to treat you guys.

이번엔 내가 너희들한테 쏠 차례야.

turn의 기타 용법

1   I turned down the job offer.
난 그 일 제안을 거절했어.

▶ **turn down** 거절하다

2   I knew it wasn't right, but I turned a blind eye.
옳지 않다는 건 알았지만 그냥 못 본 척했어.

▶ **turn a blind eye** 못 본 척하다

3   How did the conversation turn out?
대화는 어떻게 됐어?

▶ **turn out** 결과가 ~로 나오다

4

Despite my worries, the party turned out great.
걱정에도 불구하고 파티가 아주 잘 치러졌어.

5   It turned out to be her mistake.
알고 보니 그 사람이 실수한 거더라고.

I'm **returning** you a favor.

MP3 **134**

UNTIL NOW (X)　　내가 너의 부탁을 돌려주는 거야.

FROM NOW (O)　　**나도 너한테 신세 갚는 거야.**

return
돌아오다/돌아가다

BASIC MEANING

1　These migrating birds return to the U. S. in the spring. 이 철새들은 봄에 미국으로 다시 돌아와.

2　Salmon return to where they were born to lay eggs. 연어들은 알을 낳기 위해 태어난 곳으로 돌아간다.

3　It was cheaper to buy a separate return trip ticket than roundtrip.
왕복 티켓보다 돌아오는 티켓을 따로 사는 게 더 싸더라고.

4　We're so happy about his safe return from military service.
우리는 걔가 무사히 군대 잘 다녀와서 너무 기쁘지.

갔던 길을 다시 **돌아온다**는 의미를 사물에 대입해 보면 빌리거나 샀던 것을 ¹**반환하다, 돌려주다**는 뜻이 됩니다. 상대방에게 겼던 ²**신세나 은혜를 갚는 것**, ³**연락에 응답하는 것** 역시 받은 것을 돌려준다는 의미에 포함됩니다.

확장 **1**　반환하다/돌려주다/반납/환불

1　I'll return these books to the library today.
이 책들 오늘 도서관에 반납할게.

2　She should return her gold medal. She doesn't deserve it.
저 사람 금메달 반환해야 해. 금메달 받을 자격이 없어.

3 Return to sender.

(우편물의) 발송인에게 반송.

4

This is a rental car. I have to return it tomorrow.

이거 렌터카야. 내일 반납해야 해.

5 What's your return policy?

여기 환불 조건이 어떻게 되나요?

6 I would like to return this item.

이 물건 반품하고 싶은데요.

7 Our tax return was $5,000.

우리 5,000달러 소득 공제 받았어.

확장 **2** 신세나 은혜를 갚다

1 I'll return the favor someday.

내가 나중에 신세 꼭 갚을게.

2 You can return the favor another time.

신세는 다음에 갚아도 돼.

3 I'm returning your favor.

나도 너한테 신세 갚는 거야.

4 Can I buy you lunch in return for your help?

도와줬는데 신세 갚게 내가 점심 사도 될까?

5 I don't expect anything in return. I just like helping people.

보답을 바라고 하는 일이 아니야. 그냥 사람들 도와주는 게 좋아서 하는 거야.

확장 **3** 연락에 응답하다

1 I'm returning your phone call.

전화 달라고 하셔서 전화드립니다.

2 I'm returning your email.

보내 주신 이메일에 대한 회신입니다.

3 She returned my call.

그 사람이 다시 전화해 줬어.

Yoga **spices** up my weekend.

MP3 **135**

UNTIL NOW (X)	요가가 내 주말에 향신료를 뿌리지.
FROM NOW (O)	**요가 덕에 내 주말이 즐거워.**

spice
향신료
(로 맛이 나게 하다)

BASIC MEANING

1 I should add some spice.
향신료를 좀 넣어야겠다.

2 Turmeric is a spice.
강황은 향신료이다.

3 I want more pepper to spice up my steak.
맛을 더하게 스테이크에 후추를 좀 더 뿌려야겠어.

▶ **spice up** 맛을 더하다

4 Red chili pepper will spice up the soup.
빨간 고추를 넣으면 국/찌개 맛이 더 좋아지지.

5 My mom has her own way of spicing up her dishes.
우리 엄마는 음식을 맛있게 하는 자기만의 비법이 있어.

음식에 향신료를 뿌리면 특유의 향이 더해지면서 음식 맛이 훨씬 더 깊어집니다. 이것과 같은 맥락에서 어떤 동기로 인해 생활이나 관계에 [1]활기나 재미를 더하다는 의미로 확장 가능합니다.

> **향신료(로 맛이 나게 하다)**
>
> ↓
>
> **활기·재미를 더하다**

활기/재미를 더하다

1

Travel adds spice to our lives.
여행은 삶에 활기를 더해 줘.

2 A scandal adds spice to office life.
(다른 사람) 스캔들이 돌면 회사 생활이 재미있어져.

3 Playing little games in the car spices up the road trip.
차 타고 여행할 때 차 안에서 게임하면서 가면 여행이 더 재미있어.

4 You're exaggerating the story to spice it up, aren't you?
너, 얘기 더 재미있게 하려고 부풀리는 거지?

5 She knows how to spice up her stories.
걘 어떻게 하면 얘기가 재미있어지는지를 알아.

6 She spiced up her speech by sharing stories about her love life.
그 사람이 본인 연애사를 섞어서 얘기를 해서 연설이 더 재미있었어.

7

Sally always spices up the meetings.
샐리 덕에 회의 시간에 늘 활기가 돌아.

8 Yoga spices up my weekend.
요가 덕에 내 주말이 즐거워.

9 Spending some time apart can spice up your relationship with your boyfriend or girlfriend.
서로 좀 떨어져 지내는 게 남친/여친과의 관계에 오히려 활기를 불어넣어 줄 수도 있다.

10 We started scuba diving to spice up our marriage.
결혼 생활에 활기 좀 불어넣을까 해서 같이 스쿠버 다이빙을 시작했어.

11 These words will spice up your English vocabulary.
이 단어들을 알아두면 네 영어 어휘력에 보탬이 될 거야.

I don't want to **deal** with him.

MP3 **136**

UNTIL NOW (X) 나는 그와 거래하고 싶지 않아.

FROM NOW (O) **나 그 사람 상대하고 싶지 않아.**

deal
거래/계약

BASIC MEANING

1 I made a business deal with a clothing company. 나 의류 회사랑 계약 맺었어.

2 The deal went through. Nice move!
거래가 성사됐어. 진짜 잘됐다!

3 The deal fell through. 거래가 무산됐어.

4 Let's make a deal. I'll give you ten bucks if you let me use your VR.
나랑 거래하자. 네 VR 게임기 쓰게 해 주면 내가 너 10달러 줄게.

5 I'll let you use my VR if you do my homework. Deal? 네가 내 숙제 대신해 주면 VR 쓰게 해 줄게. 그렇게 할래?

6 A deal is a deal. You owe me lunch.
거래는 거래지. 네가 나 점심 사 줘야 해.

거래, 계약을 성사시키기 위해서는 여러 가지 **1**상황에 대처할 줄 알아야 하며 **2**사람을 잘 상대해야 합니다. 꼭 사업상의 거창한 거래가 아니더라도 **3**일상에서 일어난 크고 작은 일을 가리킬 때도 활용할 수 있어요.

확장 **1** 상황에 대처하다

1 If you want to succeed, you must know how to deal with problems. 성공하고 싶다면 문제에 대처하는 법을 잘 알아야 해.

2 The city is dealing with potential landslides.
시 당국은 앞으로의 산사태에 대비 중입니다.

확장 2   사람을 상대하다

1   **My boss is a difficult person to deal with.**
내 직장 상사는 상대하기 어려운 사람이야.

2   **She's great at dealing with picky customers.**
그 사람은 까다로운 고객들을 엄청 잘 다뤄.

3   **I don't want to deal with him.**
나 그 사람 상대하기 싫어.

4   **I'm having a hard time dealing with my mother-in-law.**
시어머니 상대하느라 힘들어 죽겠어.

확장 3   일상에서의 크고 작은 일

1   **Not doing the dishes for one day is not a big deal.**
설거지 하루 안 하면 좀 어때/그게 무슨 큰일이라고.

▶ **big deal** 큰일, 별일

2

> ## If you don't have Internet at home, it is a big deal.
> 집에 인터넷이 없다면 그게 큰일이지.

3   **What a big deal!**
참도 큰일이다! (비꼬는 투)

4   **What's the deal with you?**
너 도대체 왜 그래?

5   **He made a big deal out of nothing.**
걔는 별것도 아닌 일을 크게 만들었어.

6   **Let's not make a big deal out of this.**
이 일로 시끄럽게 하지 말자.

I'm not **following** you.

MP3 **137**

UNTIL NOW (X)	나 너 따라가고 있지 않아.
FROM NOW (O)	**네 말/설명이 잘 이해가 안 돼.**

follow
따르다

BASIC MEANING

1 Follow me!
나를 따르라!

2 A stray dog followed me all the way to my place.
유기견 한 마리가 나를 따라서 우리 집까지 왔어.

3 If one sheep goes one direction, the rest follow it.
양 한 마리가 한 방향으로 가면 나머지 양들이 다 따라가.

누군가를 따라갈 때는 그 사람 뒤에 서서 가기 때문에 순서면에서 보면 **1**뒤따르다의 뜻이 됩니다. 이것은 **2**지침, 안내를 따르거나 설명을 듣고 잘 따라가는 것, 즉 **3**이해하다는 의미로도 볼 수 있습니다. 또 무엇을 따라갈 정도라면 **4**관심을 갖고 적극적으로 행동하는 것이라 할 수 있고, **5**다음의 일이나 **6**후속의 조치라는 의미로도 확장할 수 있어요.

따르다

| (순서가) 뒤따르다 | 안내를 따르다 | 이해하다 | 관심을 갖다 | **following** 다음의 | **follow-up** 후속의 |

확장 1 (순서 등이) 뒤따르다

1 They were not prepared for the events that followed.
그들은 차후 발생한 사건들에는 준비가 안 돼 있었다.

2 Press the pound key (#) followed by the numbers.
우물 정자(#)를 누르시고 번호를 누르세요.

3

The meal consists of spinach salad, followed by roast chicken.

식사는 시금치 샐러드 후에 로스트 치킨이 나오는 순서로 구성되어 있습니다.

확장 2 **지침/안내를 따르다**

1 Just follow the instructions. It's not that hard to assemble.

그냥 설명서대로 따라 해. 조립하는 거 그렇게 안 어려워.

2 Please follow the travel guidelines.

여행 수칙을 따라 주시기 바랍니다.

3

I don't know where I am.
I'm just following GPS.

여기가 어딘지 모르겠네.
그냥 GPS가 가라는 대로 가고 있는 거야.

4 Read it through, and follow the directions.

꼼꼼하게 잘 읽고 지침대로 따르세요.

확장 3 **이해하다**

1 Are you following me?

내 말 이해해/알아듣겠어?

2

I'm not following you.

네 말이 (설명이) 이해가 잘 안 돼.

3   I don't quite follow her thinking.
난 그 사람 생각을 잘 이해할 수가 없어.

4   I can't follow what young people think these days.
요즘 젊은 애들 생각을 따라갈 수가 없어.

확장 **4**   **적극적으로 관심을 갖다**

1

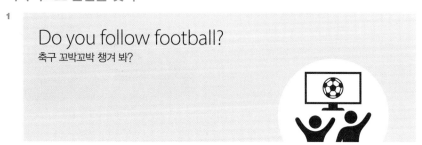

Do you follow football?
축구 꼬박꼬박 챙겨 봐?

2   I'm not following the news these days.
나 요새 뉴스 안 봐.

3   It's hard to follow what's trendy these days.
요새 유행을 따라가기 힘들어.

4   She's in her seventies, but she still follows fashion trends.
그분은 70대인데도 유행하는 패션에 빠삭하셔.

확장 **5**   **다음의** (following의 형태로)

1

I can't manage time this weekend, but the following weekend is good.
내가 이번 주말에는 시간을 못 내지만 다음 주말은 괜찮아.

2   Are you talking about this Wednesday or the following Wednesday?
이번 주 수요일을 말하는 거야, 다음 주 수요일을 말하는 거야?

확장 **6**   **후속의/추가의** (follow-up의 형태로)

1   Your follow-up appointment is scheduled for next week.
추가 검진이 다음 주로 예약됐습니다.

2   There's no follow-up news about the earthquake.
지진에 관한 후속 기사가 없네.

I follow him on Facebook.
나 그 사람 페이스북 팔로우해.

2   Do you follow anyone on Twitter(X)?
트위터 (엑스)에 네가 팔로우하는 사람 있어?

Take a **wild** guess.

MP3 138

UNTIL NOW (X) 와일드한 추측을 가져.

FROM NOW (O) **그냥 때려 맞혀 봐.**

wild
야생의

BASIC MEANING

1 Dandelions grow wild.
민들레는 야생에서 자란다/자생한다.

2 This seal lost his eyes. He can't survive in the wild.
이 물개는 시력을 잃어서 야생에서는 살아남을 수가 없어.

3 You're not supposed to eat wild mushrooms.
야생 버섯은 먹으면 안 돼.

야생에 사는 동물을 생각해 보면 **1**거친 느낌이 듭니다. 또한 야생 동물의 강한 에너지에 초점을 맞추어 의미를 확장하면 열광적인의 뜻이 돼요. 길들여지지 않았기에 행동이나 생각이 **2**종잡을 수 없고 그렇기에 변수도 있을 수 있습니다. 색깔, 모양, 소리 등이 **3**요란한, 호화찬란한의 의미로도 쓸 수 있습니다.

야생의

거친, 열광적인 | 종잡을 수 없는, 변수인 | 요란한, 호화찬란한

확장 1 거친/열광적인

1 He's a wild kid.
걘 어린애가 거칠어/제멋대로야.

2 People are pretty wild in that country.
그 나라 사람들은 상당히 거칠어.

3 My dog goes wild when he sees the cats.
우리 개는 고양이만 보면 난리야.

4 The party was wild.
광란의 파티였어.

5

The crowd went wild when the singer
showed up on the stage.

가수가 무대로 나오자 관중들이 열광했다.

6 Rock music is too wild for me.

난 록 음악은 너무 정신 사나워.

확장 **2** 종잡을 수 없는/변수인

1 Take a wild guess.

그냥 때려 맞혀 봐.

2 Her unexpected actions always make her a wild card.

그 사람은 예측할 수 없는 행동을 하기 때문에 늘 그 사람이 변수야.

확장 **3** 요란한/호화찬란한

1 Your hair looks wild today.

너 오늘 헤어스타일 한번 요란한데.

2

The colors are wild.

색깔 한번 호화찬란하네.

3 I think this dress is too wild.

이 원피스, 너무 요란한 것 같은데. (← 너무 정신 사납다.)

She's **spoiled**.

MP3 139

UNTIL NOW (X)   그녀는 망가졌다.

FROM NOW (O)   **그 사람 버릇 잘못 들었어.**

spoil
망치다

BASIC MEANING

1 The weather spoiled our trip. 날씨 때문에 여행 망쳤어.

2 She always spoils the fun.
갠 항상 좋은 분위기를 다 망쳐 놔.

3 Don't let her spoil your weekend.
걔 때문에 네 주말까지 망칠 거 없어.

4 The construction site spoils the view.
공사장 때문에 전망 다 망치네.

5 You're not supposed to eat anything sweet before your meal. It'll spoil your appetite.
식사 전에 단 거 먹는 거 아니야. 그러면 입맛 떨어져.

6 Too many cooks spoil the broth.
사공이 많으면 배가 산으로 간다. (← 요리사가 너무 많으면 국 맛을 망친다.)

7 Watch the last episode yourself. I don't want to spoil it for you.
마지막 회는 네가 직접 봐. 내가 미리 말해 주면 그게 무슨 재미야.

8 Don't spoil it for me. Don't tell me how it ends. 나한테 얘기해 주지 마. 결말 말하지 마.

아직 다 안 본 드라마나 영화의 결말을 미리 말해서 산통을 깨는 사람들을 스포일러라고 하죠? 이렇게 무엇을 망친다고 할 때 spoil을 쓰는데, 망가지는 대상이 사람인 경우에는 ¹버릇을 잘못 들이다란 의미로 확장됩니다. 또한 응석을 받아 주어 ²호강시켜 주다란 긍정의 의미로도 쓰여요.

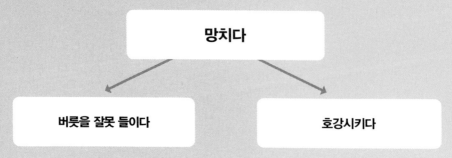

망치다

버릇을 잘못 들이다   호강시키다

버릇을 잘못 들이다

1 She's spoiled.
애가 버릇이 잘못 들었어.

2 His mom spoiled him rotten.
걔네 엄마가 걔 버릇을 말도 못하게 잘못 들여 놨어.

> ▶ spoil someone rotten은 '버릇을 완전 잘못 들여서 사람을 망치다'라는 뜻이지만 긍정적인 의미로 쓰이면 왕/여왕처럼 떠받들어 호강시켜 준다는 뜻이 됩니다.

3 People used to say spare the rod and spoil the child.
예전에는 사람들이 매를 아끼면 애 버릇이 나빠진다고들 했었지.

4 My dog is so spoiled. He only eats real beef.
우리 개는 버릇을 잘못 들여 놔서 진짜 소고기만 먹으려고 들어.

확장 **2** 호강시키다

1 When I have my own daughter, I'll spoil her.
나한테 딸이 생기면 해 달라는 대로 다 해 줄 거야.

2 My husband does everything at home. He's spoiling me.
남편이 집안일을 다 해. 덕분에 내가 호강이지.

3

I'm going to spoil myself today.
I'll buy whatever I want.
오늘은 나 하고 싶은 대로 다 하려고.
사고 싶은 거 다 살 거야.

I don't like that **manner** of music.

MP3 140

UNTIL NOW (X) 나는 저 음악의 매너가 마음에 안 들어.

FROM NOW (O) **나는 저런 류의 음악 안 좋아해.**

manner

방식

BASIC MEANING

1 She speaks with a pleasant manner.
그 사람은 말을 기분 좋게 해.

2 She has a very bossy manner.
그 사람 되게 권위적이야/이래라저래라 해.

3 He always behaves in a polite and courteous manner.
그 사람은 항상 예의 바르고 정중하게 행동해.

4 He eats his food in a messy and careless manner.
걔는 음식 먹을 때 조심성 없이 지저분하게 먹어.

5 She walked me through in a clear and organized manner.
그 사람이 나한테 분명하고 체계적으로 하나하나 잘 설명해 줬어.

'manner=예의'로 알고 있기 십상인데, 사실 manner의 원래 뜻은 방식, 방법이에요. 방법에도 여러 가지가 있기 때문에 ¹종류라는 의미로 확장됩니다. 사람을 대하는 방식들이 모여 ²예의가 되는데, 이때는 복수형으로 씁니다.

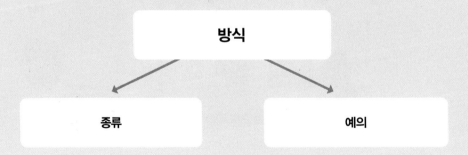

방식

종류

예의

1 I don't like that manner of music.
   나는 저런 류의 음악 안 좋아해.

2 **All manner of people came to the festival.**
   축제에 별별 사람들이 다 왔어.

3 Our company has all manner of problems.
   우리 회사는 이런저런 문제가 많아.

확장 **2** 예의 (복수형 manners로)

1 Some people have no manners.
   예의 없는 사람들도 있어.

2 I apologize for my son's bad manners.
   저희 아들이 버릇없게 굴어서 죄송합니다.

3 Your child has good manners.
   아이가 참 예의바르네요.

4 **My parents taught me table manners.**
   부모님께서 식사 예절을 가르쳐 주셨어.

START   BREAK   PAUSE   FINISHED

NEXT DISH   EXCELLENT   BAD   SERVICE WAS BAD

June Sweeney 선생님과의 첫 연락은 유쾌했습니다. 있는 곳이 한국과 미국이라 직접 만날 기회는 없었지만, 메일에서 풍기는 유머는 볼 때마다 웃음을 자아냈고, 86 아시안게임과 88 서울올림픽을 선명하게 기억하는 '동갑'이라는 그 하나만으로도 그냥 푸근했습니다.

'처음이 좋으면 다 좋다'라는 말을 증명하듯, 편집 과정도 즐거웠습니다. 편집자의 제안 사항을 다 들어 주면서 당신의 의견도 당당하게 내는 과정에서 독자들에게 꼭 필요한 책이 되었다고 생각합니다. 어학 편집자로 일하면서 수많은 영어책 원고를 접하고 편집해서 남들보다는 영어 공부를 할 기회가 많지만, June Sweeney 선생님의 원고를 보고 '아, 난 아직도 멀었구나'를 느끼면서 동시에 '어, 이런 것도 있었네!' 하는 생각도 많이 들었습니다. 첫 번째 독자로서 원고를 참 재미있게 읽은 기억이 납니다. 독자 여러분들은 아마 저보다 '오호' '앗' 감탄사를 더 많이 연발하실 거예요. 확신합니다.

인터넷에 영어 자료가 널려 있고, 유튜브에 청취 영상이 넘치는 가운데 영어책의 역할이 무엇일까 고민해 봅니다. TV가 등장했지만 라디오가 사라지지 않았듯이, 책의 역할은 그 수많은 자료 중에서 옥석을 가려 독자분들께 꼭 필요한 것들만 모아 이리저리 팔을 뻗지 않아도 되게끔 한 접시에 먹음직스럽게(해 볼 만하게) 보이도록 담는 게 아닐까 싶습니다.

하나라도 더 알려 드리고 싶은 저자와 편집자의 마음이 독자 여러분께 가 닿기를 바랍니다. 끝까지 읽어 주셔서 감사합니다.

편집자 올림